生命的功课

余高大 著

HEALING YOUR EMOTION

探索与转化
情绪的能量

华夏出版社
HUAXIA PUBLISHING HOUSE

图书在版编目（CIP）数据

生命的功课：探索与转化情绪的能量／余高大著．—北京：华夏出版社，2011.1（2013.9 重印）
ISBN 978-7-5080-6159-7
Ⅰ.①生… Ⅱ.①余… Ⅲ.①情绪—精神疗法—手册
Ⅳ.①R749.055-62
中国版本图书馆 CIP 数据核字（2010）第 240990 号

版权所有，翻印必究

生命的功课：探索与转化情绪的能量

出版发行：华夏出版社（北京东直门外香河园北里4号 邮编：100028）	
经销：新华书店	开本：670×970 1/16 开
印刷：三河市兴达印务有限公司	印张：15.5
装订：三河市兴达印务有限公司	字数：167 千字
版次：2011 年 1 月北京第 1 版	定价：39.00 元
2013 年 9 月北京第 3 次印刷	

本版图书凡印刷、装订错误，可及时向我社发行部调换

目录

001　推荐序　情绪中隐藏着你未知的天赋　张德芬
003　推荐序　开启情绪的宝藏　游明裕　王婷莹
005　作者序　这是我选择的功课
009　前　言

001　第一章　人生使用说明书
　　　人生也是有使用说明书的，只是这个说明书并不是用文字写成，而是来自我们潜意识中的心智模式。

025　第二章　情绪就是受苦
　　　在被伤害之初，是我们为了自我保护和防卫而做了错误的选择，因而形成了我们心中的限制性信念。

039　第三章　情绪是我执的游戏
　　　看待事物的单一角度使我们的信念固化，从而转变成一种执着，我们就在这个执着的情绪中受苦。

057　第四章　解读负面情绪
　　　恐惧不是爱的对立面，恐惧是爱的遮挡物，是对爱的限制，爱才是你与生俱来的本来面目。

085　第五章　情绪即是能量
　　　凡是你肯定和接受的，会双倍地增加其力量，凡是你抗拒的，亦复如是。

101　第六章　隐藏的宝藏

每一个情绪都是我们向内走的关键转折点，每一个情绪都是一份珍贵的礼物。

119　第七章　赢回无条件的爱

我们不能把别人看得比自己重要，同时，也不要忽视他人的重要性。我们要赢回的力量是以平等心看待彼此的重要性。

143　第八章　宽恕是唯一的解脱之道

宽恕不是一个简单的原谅动作，而是重新建立我们的生命信仰和价值，它是一个全新的信念系统。

157　第九章　重写人生剧本

你有权利和自由随时修改你的人生剧本，同时，你对自己的人生剧本也负有完全的责任。你是导演，你说了算。

175　第十章　自我展现与自我实现

我们每个人的生命潜能中，都有一项最为重要的潜在能力，找到并发展出这个部分，将解决困惑我们的80%以上的问题。

203　第十一章　智慧来自体验

自我疗愈也就是自我救赎，就是把我们原来混沌的意识变得越来越清晰、越来越能保持觉知的过程。

219　第十二章　在真爱的河流里

如果，你想要更好地爱你的伴侣和家人，将爱送给他们的最好方式就是你自己在真爱中的成长。

推荐序

情绪中隐藏着你未知的天赋

身心灵作家　张德芬

www.innerspace.com.cn/f/index

面对自己的情绪，如果我们可以去觉知它，而不是去放纵、压抑和否认它，那么，这种情绪就会成为我们发现自己那些未知天赋的引导员。因为，情绪的本质就是能量。

当我们发现这种负面情绪的存在，就相当于让这种情绪走入了光中，在那里，我们可以探索，可以接纳，可以安抚，更可以放下对他人和自我的攻击。正如书中所言："假如我们一直指责外在的东西，认为引发我们情绪的人、事、物就是导致我们产生情绪的主要原因，这不但无法消除情绪的障碍，反而会加重情绪对我们的约束。只有当我们开始愿意向内看，从自身的角度来了解情绪究竟从何而来，以及我们对情绪的态度是否具有影响力时，才能开启自己那转化负面情绪的解决之道。"这个解决之道，也正是我们此生被赋予的生命功课。

如果说，注意力在哪里能量就在哪里，凡是你肯定和接受的，其力量就会双倍增加，而凡是你抗拒和排斥的，也亦复如是。由此，当我们感觉到缺乏力量、缺乏爱，一切都糟糕透了的时候，勇敢地面对和承认这种感觉，也就开始了疗愈的第一步。

在这里，对情绪的觉察过程让我们的体验不再只是充斥着痛苦，让我们在重收生命的选择权、唤醒自我的觉知以及找回内在力量的过程里，最终感到爱、宁静与喜悦。

最终，我们会发现，在情绪里隐藏着的就是我们那细微的观察和觉知的能力，去肯定和接纳这个从未被自己所看重的能力，就是我们最宝贵的天赋，也是我们可以奉献给自己身边的人和这个世界的最好的礼物。

多年来，在我不断阅读各国身心灵经典图书的过程里，能够偶尔读到这样一本国人自己在经由深刻的体验与觉察而写就的身心灵疗愈之书时，真是倍感亲切，那些生动的案例就好像发生在我们的身边，其中的字字句句也时常会令我感同身受，而随之而来的阵阵暖流亦驱散了这初冬的寒意。

推荐序

开启情绪的宝藏
心灵海国际教育集团创办人　游明裕　王婷莹

生命是一趟爱的觉醒与传承的旅程。每当我们受邀去为他人的著作写推荐序时，除了感到荣幸以外，更多的是为作者在生命中所发展出的爱而感动。高大、戈泉是一对美丽又善良的夫妻，在任何时候看到他们，总会被他们在生命中不断自我精进与虚心学习的态度所鼓舞，相信随着他们所创作的新书《生命的功课》的诞生，他们自己的生命也已历经了一段从学习实践到收获感悟的旅程，这就是一种爱的传承的过程。

在这个充满着变量和挑战的时代，拥有成熟圆融的情商是一个非常关键的成功基石，情绪有如浩瀚的生命之洋，水能载舟亦能覆舟，多数人对情绪都没有全相的认知，因此当他们面对情绪时总以二分性的观感来投射，不是否认、压抑之，就是放纵、助长之，不管哪一极，这样的做法都偏离了生命的中心。情绪并非生命的敌人，如果你能接受每一个当下所呈现的情绪，不对抗地与之融合，生命中的巨大潜能就将惊人地蜕变成生命的激情与崭新的创造力。

本书以完整的十二个章节，生动又务实地阐释了面对情绪时的生命智慧，他将生命中活生生的体悟化为指引，相信这种引导对于现代人而言，绝对是一份珍贵的礼物。智慧来自体验，作者的确是一位如实经验生命的勇者。我相信，这本著作的问世，也将使无数人的生命在这个分享的过程里得到另一层次上的提升。

生命中的任何苦难都不是真相，它们的发生只是因为我们一直带着一个使自己受苦的观点。在正知、正见中没有偏离的幻相，不偏不倚地回归生命的中心，才能让我们看到生命的全貌。其实，每一件事的发生，每一个人的相遇，皆是完美无暇的，一切的存在也皆有其意义所在，这份清透洞悉人生的觉识是超越二元的，是对生命全然地接受与臣服，是面对而非对抗。一个勇于顺着情绪之流深入其中的人，也必能挖掘出生命中最深刻的智慧。

亲爱的朋友，生命是一站又一站的冒险所换得的惊奇发现，每一个冒险皆是解除局限的旅程，真正的勇者的内心是柔软且开放的，因为他在生命中的唯一信念就是爱，在爱中没有防卫，也相信爱就是一切的答案。让我们在一切之中看到爱，在一切当中领受到爱，在一切当中给出爱。要记得！我们的本质即是爱，祝愿所有的人都生活在爱与光中。

作者序

这是我选择的功课

"为什么我会在这里?"

每当我在人生中遇到困惑或难题,陷入情绪的沼泽而不能自拔时,上面这个问题就会突然冒了出来。

"你到这里来不是要问该如何选择的,你出现在这里之前就已经做了选择。你来是要搞清楚为什么自己会在这里?"电影《黑客帝国》里的主角尼欧第一次拜访祭司时,祭司对他说了这句话。直到多年以后,我才真正明白它的意思。

2002年,年近四十岁的我,已经被紧张、焦虑、郁闷等抑郁情绪折磨了几年了,常常怀疑自己患了绝症,自杀和报复杀人的念头也时常涌现,极度缺乏安全感,像一头被关在笼子里的困兽,不知如何从笼子里逃脱才好。

在这样的情况下,我不得不忍痛辞掉优越且熟悉的电视台工作,同时结束了名存实亡的第一次婚姻,人生陷入归零和即将停摆的状况。当我什么都做不了,也什么都不愿意做时,我问自己:"我为什么如此不快乐?人生的意义究竟在哪里?"

转机出现在2003年的春天,我前往广州参加了博恩·崔西的"火凤凰巅峰成就心理学研习会",当我在那个课程中聆听到老师的谆谆教诲时，真有一种久旱逢甘霖、他乡遇故知的感觉，这些课程令我顿时泪如雨下——原来我一直在内心里坚持的人生信念与老师的教义有着如此众多的相通之处，这真令我信心大增，也让我燃起了新的生活希望。

由此，我开始走上心理疗愈和心灵成长之路，寻找迷失已久的自己。蜕变的过程是一种类似于混合鸡尾酒的味道，酸甜苦辣咸，什么都有。

就在我以为未来的道路从此将充满鲜花和阳光时，2008年，我却突然陷入一场前所未有的财务危机和失业状态，在经历了一次狼狈不堪的连夜搬家之后，身心疲惫、万念俱灰的我彻底崩溃了，扑倒在床上嚎啕大哭，"我为什么要让自己如此遭罪？我不是已经研修了这么多功课吗？怎么问题还是越来越多，甚至是没完没了呢？"自责和委屈一齐涌上了心头。当哭泣渐渐得以平复时，我又忽然进入了一阵出奇的宁静状态，在这份宁静中我听到一个清晰而坚定的声音："这是你自己选择的功课，你选择经历这些生命体验来激发你产生更大的创造力。痛苦的情绪和失败的状况是因为你一直在拒绝自己的天赋、才华和人生使命。当你无条件地接纳和展现你的天赋才华时，一切都将迎刃而解！"

这一连串的声音仿佛一句句敲打在我的心上，使我迅速清醒过来，我找出纸和笔，开始记录下这些句子，在接下来的大半年里，这样的声音不断地出现在我的内心，我把它们尽可能地都记录了下来，并将其命名为"与高大对话"。就这样，我不知不觉地写下了十几万字的笔记。从这些笔记中，也逐渐浮现出一幅负面情绪的自我认知和疗愈的心理地图，于是又进而萌生出要将它整理成一本书的念头。

在经过一年多的潜心写作和对文稿进行反复地推敲和揣摩之后，就有了您今天看到的这本书。此书的脉络循着身心灵疗愈的五个关键步骤，即探索、觉察、释放、转化、整合而循序渐进地展开，阅读此书的过程也就是一个对自我的心灵进行疗愈的过程。

如果您是第一次接触到心灵成长方面的信息，书中的某些观念或许会与您原来所接受的教育有很大的冲突，如果是这样，您只要听从自己内心的声音，选择那些您认可和接受的部分，本着平安喜悦的原则去体会和实践就好了，因为，只有从自己的亲身体验中诞生出来的才是真正属于自己的智慧；

如果您是一位已经走在心灵成长之路上，了解了那些基本的心灵法则，品尝过成长的喜悦，又经历着成长的烦恼的灵修人士，那么，真诚地希望我这八年来的点滴感悟能与您共贺成长，并为您在这条路上继续前进带来新的灵感与信心！

当然，本书中的观点、观念均来自我的个人角度，其中或有偏颇之处，还望各位读者去其糟粕而取其精华，各取所需，尊重自己的亲身感悟。

最后，我要深深感谢以下这些人，没有他们为我所做的一切，就不会有这本书的出现以及我此刻的勇敢与坚定。

感谢亲爱的爸爸妈妈，在我最困难和窘迫的时候，是他们给予了我无条件地接纳和鼓励，使得我在创作本书的那段最关键的日子里，获得了"决不抛弃自己，决不放弃使命"的勇气；

感谢我太太戈泉那丰富的爱、不断地欣赏与肯定，她是我最好的朋友和搭档，在她的信任和大力支持下，我才有足够的信心来完成这部书稿。本书在交给出版社之前就修改了十余稿，每一次在结构上的调整和文辞上的润色都是戈泉的功劳；

感谢心灵海国际教育集团的创办人游明裕、王婷莹老师，他们在大陆开设的一系列心灵成长课程，帮助我打开了自我疗愈之门，在他们身上我也学习到了无条件的爱与助人的慈悲，同时也感谢老师们引进了适合国情的国际前沿心灵课程，使得我们有机会向国际知名的身心灵导师学习；

感谢世界激励大师博恩·崔西先生，感谢知见心理学的创始人恰克·史匹桑诺博士，我在跟随他们学习和研读他们的作品中汲取了宝贵的成长经验，本书中的很多灵感正是来自这两位老师的著作和理论；

感谢华夏出版社的编辑在看到本书的投稿摘要时就表示出的高度认可和评价使我倍受鼓舞，以及她们对本书在语法和句式上逐字逐句的修改与订正；

感谢一路走来的这些一直相信我们、以各种不同的方式支持和帮助我们的亲朋好友，感谢所有爱着我们以及我们爱着的朋友们！

每当我就自己的成长与收获向老师们表示感谢时，他们的回答几乎是惊人的相似——"感谢老师的最好方式就是把你的成长体验分享给那些需要的人们，把爱传递出去。"

祝福每一位读者朋友从情绪的困扰中解脱，回归心灵的宁静与自由。

祝福我们彼此相爱，活在喜悦中！

余高大

2010 年 12 月于长沙

前言

自家宝藏

一位出家不久的年轻禅师初次拜访一位年长的老禅师。

老禅师问:"你是从哪里来的?"

"从我住的寺庙来。"年轻的禅师很老实地回答。

"来我这里打算做什么呢?"

"来求佛法。"

"可我这里什么都没有,你求什么佛法?你放着自家的宝藏不顾,到处乱跑,欲求何物?"老禅师点化他。

"自家宝藏?哪个是我的自家宝藏呢?"年轻人有些疑惑不解。

老禅师正面开示他说:"你听好了!你正在问我的这个,就是你自家的宝藏。一切原本俱足,无欠无缺,要用即用,自在无碍,哪里还需要再向外求取呢?"

年轻人听完此话,不由得会心一笑,立即领悟了本心自性的含义。

每一块都是好肉

有位禅师通过一个集市时,突然被一阵对话所吸引。

他循着声音望去,只见在一个肉铺边,有一位顾客正在跟屠夫对话。

顾客说:"老板!给我切一斤上好的肉来!"

屠夫放下手中的刀具,抱拳施礼道:"客官!我这里每一块都是好肉!"

禅师听了此话,顿时有所觉悟。

从以上两则故事看来,如果我们所拥有的一切都是好的,都是没有问题的,那么,就算是我们原本以为最没有用的阑尾,甚至是我们排泄的粪便,这样看来,它们也自然会有自己独特的利用价值。

早期,在从事户外拓展训练时,我常常会去一个处于群山环抱之中的拓展基地做训练。基地的宿舍是征用原来的住户——罗爹的家改建的,因此罗爹也顺理成章地当上了基地的管理员。罗爹七十多岁了,身子骨很硬朗,他从出生起就一直住在这里,除了每个月领取一份固定的工资以外,他每天所做的事情还是像从前一样,没有什么变化,依然每天在自己的菜地里倒腾辣椒、白菜和豆角等各种蔬菜。菜园子里的蔬菜在罗爹的精心照料下,长势格外喜人,这些蔬菜也成了教练和学员们在餐桌上最喜欢的绿色食品,由于种植蔬菜所需要的肥料都是取自学员们排泄的粪便稀释成的天然有机肥料,我常常和同事们开玩笑说:"这可能是世界上最快捷的一个变废为宝的有机循环生物链了"。

当然,这是庄稼人最熟悉的变废为宝的例子。其实,在心灵成长领域,很多人视同为洪水猛兽的负面情绪,并不一定是我们必须要丢弃的废物,反而是可利用的资源,在适当的条件和环境下,它也可以转变为更高层次的生命能量。

依据禅宗中《十牛图颂》的提示,我看到了一幅关于情绪认知和转化疗愈的五牛图——《训牛记》:

第一张图——横冲直撞的野牛

一头发狂的野牛,正在拼命地奔跑。野牛冲入人群中将路人撞得头破血流、人仰马翻,人们的脸上一片惊恐。

当我们被无意识的情绪所冲撞和控制时,我们心中就像是有一头野牛在横冲直撞、恣意妄为,但我们只能听之任之,无能为力。

第二张图——圈牛

一个人已经把野牛赶进了一个牛栏里,牛栏的圈子很大,野牛还是在里面狂奔,只要看见人,野牛就会有牛脾气。

这时的我们已经了解到负面情绪对自己的伤害,也了解到情绪有一个反应模式,我们可以尝试着把情绪控制在一定范围内,试着不再让它伤害自己和他人。但是,情绪所引发的冲突有时还是难以被驾驭和控制的。

第三张图——牵牛

有一个人已经用绳索牵住了野牛,但是牛脾气还是很野。野牛企图挣脱绳索的控制,牧牛人用青草诱导野牛,逐渐了解了野牛的习性。

我们学习并认知情绪的来源和自己潜在的心理需求,解读未知的自己,渐渐掌握了情绪反应的基本模式,当那头野牛再次出现时,我们就迅速能够辨认出来,并且能牵住牛鼻子,从而使之无法再撒野。当我们不再惧怕情绪的危害时,我们就逐渐能面对情绪,并深入了解情绪的真相了。

第四张图——牧牛

图中的人小心翼翼地一手拿着牛鞭,一手握着牛索,控制着一头野性未泯的牛。如果稍不留神,野牛就有可能走到路边的田地偷吃农民的庄稼。

这时候,我们已经了解了情绪的成因和反应模式,当我们有情绪时,能够觉知到那些苗头,在它们还是小火苗的时候,我们就能够及时化解它,不至于使它酿成更大的灾祸,这需要我们十分警觉。

第五张图——骑牛回家

图中的人正骑在一头已经被驯服的牛背上,将牛索轻松地系在腰间,双手握着横笛,享受地吹奏着悠扬的牧曲。

这时,我们已经疗愈了内心的受伤害模式和很多的负面情绪。同时，对情绪反应的种种形态也了如指掌，并能在遇到问题时"百炼钢化成绕指柔"般地轻松应对。这时，我们已经成为情绪的朋友，可以开始享受轻松、自在、喜悦、平衡的生活了。

负面情绪在我们生活中引起的冲突，就像野牛冲入人群，如果躲闪不及，往往会给我们的身体健康以及人际关系造成难以估量的麻烦和损失。那是因为，你并不了解这头野牛的习性，以及如何有效地应对和使用它。

给自己一些时间专门来认识负面情绪的真相，是一件事半功倍的事情。在多年的自我修行和生命教育的道路上，我发现，情绪不是仅仅用"好坏"二字就能随便界定的。在身体、心理和心灵三个层面，各种纷繁复杂的情绪能量消耗了大部分的精力，使人们在应付种种情绪上的自我伤害和对彼此的伤害中，疲惫消沉又狼狈不堪。情绪直接联系着身体和心灵，它们往往处在一个关键的能量中心。在这其中，各种负面情绪恰恰是那个隐藏着的丰富宝藏。

如果，我们认真地了解并解读了隐藏在负面情绪之后的种种动机和真相，我们也就能够驯服自己心中的那头野牛，给它套上一个缰绳，然后悠然自得地骑在牛背上，让它听我们的指挥，走向正确的目的地。

第一章 人生使用说明书

美国首都华盛顿广场的杰弗逊纪念馆大厦年深日久，建筑物表面出现斑驳，后来竟然有裂纹，采取若干措施耗费巨大仍无法遏止。政府非常担忧，派专家们调查原因，拿出办法。后来报告交上来写明调查结果：

最初以为腐蚀建筑物的原因是酸雨。研究表明，原因是冲洗墙壁的清洁剂所含物质对建筑物有酸蚀作用，而该大厦墙壁每日被冲洗，大大频于其他建筑物，因而受酸蚀损害严重。

但是，为什么要每天冲洗呢？

因为大厦每天被大量鸟粪弄脏。为什么这栋大厦有那么多的鸟粪？

因为大厦周围聚集了特别多的燕子。为什么燕子专门喜欢聚集在这里？

因为建筑物上有燕子最喜欢吃的蜘蛛。为什么这里的蜘蛛多？

因为墙上有蜘蛛最喜欢的飞虫。为什么这里的飞虫多？

因为飞虫在这里的繁殖特别快。为什么？

因为这里的尘埃最适合飞虫繁殖。为什么？尘埃本无特别，只是配合了从窗子照射进来的充足阳光，正好形成了特别刺激飞虫繁殖兴奋的温床，大量飞虫聚集在此，以超常的激情繁殖，于是，给蜘蛛提供超常集中的美餐，蜘蛛超常聚集，又吸引燕子流连，燕子吃饱了，就近在大厦上方便……

解决问题的结论是：拉上窗帘（杰弗逊纪念馆大厦至今完好，不信可以自己去看）

——摘自吴士宏《逆风飞飏》

循着这个故事的思路，我们也可以用这种剥洋葱的方式来一层层地找到解读负面情绪的关键按钮。

原生家庭与集体意识

> 我想知道我是谁？我从哪里来？我为什么会有这么多的情绪？可是我不了解自己，我要如何开始了解我自己？

相对于我们所生存的地球来说，人类是一个年轻的物种，其自身正处在不断进化和完善的过程之中，而人类的进程也正是意识不断得到提升的过程。

意识的觉醒就是我们认识到自己生命的意义和本源，也就是搞清楚"我是谁"、"我为什么会在这里"、"我将去向何方"等问题。虽然这些问题对于大多数人来说，并不是一两次就能弄清楚的。但是，事实证明，能够经常问自己这几个问题的人，他们生活中的欢笑声、幸福感以及心态上的平和，比起那些对这些问题不闻不问的人要多很多。

要让自己的意识觉醒，我们就必须重新回到生命的源头去探索未知的自己，一切都指向了一个目标：了解你自己。今天，我们的基本意识来自以下三个层面：个人意识、家族意识和集体意识。

个人意识——下载来的软件

在心理学上，每个人出生的家庭都被称为原生家庭，而我们则是被父母特别定做的一件独一无二的产品。

刚出生的婴儿就像在电脑超市购买的一台裸机，没有驱动系统和软件程序，也无法工作。只有在他/她被安装好驱动程序和相关的操作软件之后，才能被正常使用。而这些系统和软件的性能说明，就相当于电脑的使用说明书。但几乎很少有人知道，人生也是有使用说明书的，只是这个说明书并不是用文字写成，而是来自我们潜意识中的心智模式。

潜意识心智模式就像你内在的操作系统，每时每刻都在影响和左右着你的工作与生活。让我们仍然以电脑为例，不管你使用了哪个牌子的电脑，它们的操作系统都是一样的，你只要学会了一个 WINDOWS 系统的操作，就可以熟练使用每一台电脑。同样的，在每一个人的内在也有这么一个操作系统，那就是人们内在对外部世界的反应模式，这个模式在 3~6 岁的孩童时期就已经基本形成。在那时，我们会模仿身边的人，特别是自己最亲近的人对周遭事物的反应，同时 24 小时不间断地从他们那里下载这些反应和回应模式，这就形成了我们在未来人生中的使用说明书的基本样式。

也就是说，如果我们把生命中与生俱来的基因和遗传因素比作源程序和源代码的话，那么，我们在小时候下载的那些反应模式就是WINDOWS操作系统以及各种软件，而长大之后，在我们生活中的行为结果就是出现在电脑界面上的各种指令结果。如果你对界面上出现的某些窗口式样或指令结果不满意，那么要修改的就是软件程序或是它的基本设置。同样的，如果你对自己目前生活中的某些状况不满意，需要检视的则是你内在的反应系统，也就是你的心智模式是否需要调整和修改。

而我们又是如何与周围的人相处的呢？要知道，父母亲如何相爱、如何对待彼此，父母亲如何爱自己和对待自己，父母亲如何爱我们、如何与我们相处，就是日后我们对待自己以及对待身边其他人的方式。

很多外表已经成年的人，其实他的内在还是一个容易情绪化的小孩或者是一个容易生气的小孩，他们的某些部分还停留在那个幼稚的年龄。我们的情绪反应方式也来自我们童年所接受的家庭教育，家庭是我们接受生命教育的启蒙学校。

童年时期，如果我们有被父母或者家族长辈粗暴训斥或体罚的经历，长大后就会因为较低的自我价值而发展出两种个性：一方面是害羞和自卑，温和的外表下潜藏着自虐和自怜情绪，另一方面则是为了不再受到伤害而形成的主动攻击的暴力人格。

孩子如果从小在父母的争吵和权力斗争中成长，当他/她进入婚姻时，他/她在和伴侣的正常交流上就会有很大的心理障碍，亲密感也会差许多。

再比如说，父母如果有贪小便宜的习惯，孩子也会认为小偷小摸是很正常的事情。

如果父母因为感情不和或者其他原因离异,孩子就会觉得自己被遗弃了,也许是因为自己做错了事情而导致父母分开的,因此,有的孩子会惩罚自己并报复父母,同时,他们也会关闭了心门并放纵自己,从此不再相信真爱。

父母如果常常口是心非或者不守承诺,孩子很快也就学会了脸不变色心不跳,甚至是不慌不忙地说谎。而那些在健全的家庭里长大的孩子,因为受到父母中某一方的偏向,有些孩子偏向于喜欢父亲,有的孩子则会偏向于喜欢母亲,因此,这些孩子在长大以后为了继续满足自己在这方面的需求,就在其亲密关系中发展出了恋父情结和恋母情结。

家族意识——父母的父母和环境

我们的潜意识心智系统还将受到家族意识的影响。

我们会从父母和身边亲近的人那里"下载"反应模式。不过,他们的反应模式从哪里来?当然是从他们的父母及长辈那里模仿来的。

大部分人在做父母之前,从没接受过任何做父母的训练,也就是说大部分的父母都是无证上岗,并且都在摸着石头过河,靠着自己的本能或者以父母对待自己的方式来养育和教育孩子,这当中难免出现恶性循环或谬误流传的情况,甚至还有可能会有许多不合时代或不合乎自然的地方。

家族的遗传基因以及饮食和文化的习惯被一代一代地流传下去的现象,在心理学上被称为家族意识或者祖先模式。

我们目前已经了解到的是,很多家族的遗传病历史,就是和父辈、祖辈的饮食习惯及思维习惯有着很重要的关联，就是我们的性格和人格特质也会受到它们的影响。

在参加一次研习会时，我就曾遇到一位具有典型的孤立型人格的同修，他从小就被父母亲要求必须独立，任何事情也都要学会自己独立解决，所以他从小就必须压抑自己的恐惧，独自去面对孤立无援的生活。于是，这种情况直接导致了他在事业和婚姻关系中的沟通障碍。他一直很怨恨自己的父母，抱怨父母没有给他足够的爱就让他过早独立了。在做家族意识的整合功课时他才发现，原来自己的父母亲也是从小就是被他们各自的父母亲这样要求的，而且他的父母还从幼年起，就失去了自己的父母，因此他从小就没有见过自己的爷爷奶奶、外公外婆。于是，他的父母都是在按照他们各自本能的方式要求他。

集体意识是我们的"背景音乐"

集体意识是我们生存和生活的"背景音乐"，每个人从出生开始就已经被打上了各个民族的烙印。从我们的DNA、皮肤和头发的颜色以及我们语言文化中的习俗，就能看出明显的集体意识。

从德国足球能够像机器一样精确运作的比赛现场来看，我们就可以知道德国人遵守纪律的严谨态度已经达到了一个怎样的高度；最近几年，韩剧在中国的流行，让我们看到了尊老爱幼这个被中国人忽视的传统在韩国的盛行，韩国电视剧在教导我们如何尊敬父母，以及如何在一个大家庭里保持和谐与平衡；从美国的《独立宣言》中，我们可以感受到美国人热情独立的自由精神，这种精神创造出乐天派的英雄情结，同时其早年的拓荒历史也使得他们非常看重搭档和家族的力量；欧洲的古堡是人类历史文化的重要遗产，深厚的贵族文化也因此形成了欧洲人，特别是英国人与生俱来的优雅、精致以及法国人的浪漫与闲散。

而中国——泱泱华夏上下五千年的文明成就了无数的战功盛世和博学华章，勤劳、勇敢、坚忍、务实，成为了我们在潜意识信念中的共同特色。

潜意识运作法则

> 为什么我不能控制自己的情绪？为什么有时候我想的跟做的不太一样？潜意识模式对我的生活有什么样的影响？了解它可以给我带来什么好处？

认识表意识与潜意识

我们的意识分为表意识和潜意识。

表意识与潜意识具有不同的功能，它们相互之间紧密配合着运作。表意识层面负责人们的思想、态度、语言、行为、表达能力、情绪和感觉；潜意识层面储存着人们的信念、观念、价值观、人生经验、印象深刻的事件和人生剧本。

表意识的工作原理是：选择并确认我们要输入大脑的资讯，并且把当下情况和我们过往的人生经验作比较和验证，同时，分析我们当前所处的位置和各种状况，比如："我是谁"、"我在哪里"、"我将要去哪里"，并制定出相应的对策，然后再决定我们下一步所要采取的行动。

潜意识的功能是：它是一个巨大的资料库，能储存几亿个文件在脑海中，其任务是储存和寻找资料。潜意识没有思考能力，更没有分辨能力，它只有记忆的功能，因此，一切记忆的资料都由潜意识负责保存。当表意识下达命令时，潜意识就会根据指令在记忆的资料库里搜寻与之有关的答案。

如果把我们的心灵比作是一个花园的话，表意识是那个园丁，而潜意识就是花园。当我们把一个想法或者信念植入大脑时，就相当于园丁将一颗种子种植在花园里。不管我们在潜意识中种下什么种子，潜意识就会按着种子本身的特性使它发芽成长。你在潜意识花园种植同类型的植物越多，它们的影响力也就越大。

表意识和潜意识之间的关系

第一是因果关系。表意识在潜意识层面植入的任何信息都是一个"因"，类似的信息储存多了，就形成了一个可以在表意识层面以行为或者情绪等方式表现出来的"果"。

第二是关联关系。表意识和潜意识互相依存也互相影响，它们是一个整体。当我们的意识还处于混沌以及没有觉知地接受外界资讯的状态时，就相当于由于园丁在打瞌睡或者缺席了，而让花园的大门洞开，人们就可以任意进出，花园里的鲜花和野草也在胡乱地生长一气，其结果是加大了园丁未来的工作难度。

当我们的表意识还不能清晰地做主之前，决定我们的行为和结果的往往是潜意识层面的信念和之前设定的人生剧本。那是我们之前早就在花园里植入种子这样的"因"所产生的"果"。我们现在的任务是深入到潜意识里去探寻自己早先植入的是些什么，去探个究竟，等到看清楚了事物的真相，我们也就能作出清晰而有力量的决定了。

一切都是潜意识的运作

改革开放之初，中国向美国派遣了大批留学生。有一天，一位美国教授邀请了几位中国留学生到家里做客。饭后大家在客厅里喝着咖啡聊天，聊天的主题是关于中国和美国的文化习惯差异。教授委婉地说："我感觉你们国家的基础工业比较薄弱。"学生说："您从来没去过中国，究竟是从哪里得到这个结论的呢？"教授说："我是从你们的生活细节中观察到的。我发现，你们在关水龙头的时候，明明已经关到位置了，可你们却还是害怕漏水，所以就使劲拧水龙头。还有，我看你们关车门也很用力，仿佛总怕关不严实，这些都说明你们国内生产的垫圈的密封效果不好。由此，我得出结论，你们的基础工业还是比较薄弱。"众学生不由得点头称是。

平时的生活细节就显示了我们的潜意识习惯。

在前面的章节中，我们了解到，人生像一台电脑，有源程序和源代码，也有CPU、硬件系统、驱动程序、操作系统和各项实用软件，这些程序和软件的性能操作就相当于我们的潜意识心智模式，也就是我们人生的使用说明书。

我们内在的心智模式大约在自己3－6岁时就已经基本下载完毕，之后的岁月就是不断地验证、重复、强化之前学习来的信念和记忆，如果我们没有足够清醒的意识来认识和了解到这一点，我们在人生的大多数时候将是机械性地重复那些主要的习惯和反应模式，并且在原地不断兜圈子，等到我们将要离开这个世界的时候，你或许还是完全不了解自己，更谈不上使用自己的生命潜能，创造更有价值的人生成果了。

我们依旧拿电脑来作比喻。如果你没有认识和了解到自己对外在世界的反应模式，就相当于你是一台全世界最精密，性能也最棒的电脑，主人是你，但使用者却不是你，而是那些出现在你身边的任何一个人。他们按照他们想要的方式随意操作你的界面，在你的各种反应模式上按确认键，而你将条件反射一般地表现出你的喜怒哀乐，就像一个被人操纵的木偶或傀儡，这些确认键就是那些你喜欢或不喜欢的人、事、物，也正是这些人、事、物左右了你对外在世界的反应，而你对这些事物的反应，是在你幼年时期就已经作为软件程序被下载到你的潜意识中的。通常，我们对外在世界的所有反应都是潜意识的习惯反应，而不是表意识所能控制或左右的。

成龙的电影《特务迷城》，就展现了一个潜意识影响现实生活的典型例子。作为一个特工，男主角在执行任务的过程中，总会在梦中见到自己的父亲，还仿佛听到父亲在说话，他将父亲作为自己执行任务的信心和信念，从而坚定出色地完成了任务。最后，他得知了事情的真相，原来上级为了保证他能专心完成任务，就在其执行任务之前利用一个父亲的形象对他进行催眠并在其潜意识中植入了暗示的指令。

对这个潜意识运作法则的觉察，有点像看一幅三维立体图画的感觉。想象着你在看着眼前的一幅三维立体图画，表面的图像是一座花园，在你长时间聚焦之后，内在隐藏的图像将从花丛中突现出来——那有可能是一个改变世界的能量公式：$E = MC^2$（爱因斯坦狭义相对论之质能等价理论）。

要知道，这一切都是潜意识的运作，潜意识24小时昼夜不停地运作和下载讯息，我们每天都在自己的潜意识暗示下行动和应对这个世界，在不断地接收他人对我们的潜意识暗示的同时，也在触发和影响着他人的潜意识反应模式。这听起来似乎有些疯狂和诡异，但也的确是事实。

生活中最常见的潜意识暗示之一就是电视广告。电视广告的形象代言人、电视广告的投放频率和长度大部分都是通过对专业的调查公司提供的收视率调查统计数据进行分析后再确定的，也就是说，这些都是在充分了解了观众的收视习惯和心理之后，再做有针对性的投放的。所以，在看那些你喜爱的电视节目时，就算是中间插播十分钟的广告，为了不错过最精彩的片段，你还必须耐心地看完广告。商家的目的是使你不得不看，看完广告还不得不买，因为，你的心思已经被人猜透。这使得我们去商场购物时，会优先选购那些常常打广告的商品，而面对那些不常在广告中见到的商品就会犹豫再三，这就是心理暗示的作用。

电视购物广告中使用的心理暗示就更典型了，标准的电视购物片长度一般是28分钟左右，每几分钟为一个小段，每个小段会有各式各样的使用者简要说明使用该产品的好处，主持人会每隔几分钟就提示你"还犹豫什么，赶快拿起电话吧，请拨打屏幕下方的热线电话"。明明正在播出的是事先录制好的广告片，但是屏幕上偏偏会用飞字提醒消费者已经有多少人打进电话，目的是催促你赶紧作决定，这种心理暗示的手法就是在利用你渴望获得产品和害怕失去最佳机会的心理。很多人因此而拨打了电话，享受电视购物送货到家的快感同时，我们也买了一堆自己有可能并不需要甚至是劣质的商品。

超市的购物车也是一种很不起眼的心理暗示。超市宽松的购物环境，没有被推销的压力，但是当你推了一个大容量的购物车，我们就会不由自主地往车子里扔进各种各样的商品，其中包括那些自己并不急需甚至根本没用的商品。有时候，你只是想到超市买一点水果，可一不留神，你就消费了几百元，而水果却只占了这次消费中很小的一个比例。超市这种自由自在又毫无限制的购物方式和环境会使我们上瘾，促使我们反复寻找这种感觉。

潜意识的陷阱

好莱坞电影《火柴男人》，讲述的是由尼古拉斯·凯奇饰演的一位患有过敏症的现代商业老千被搭档算计，在不知不觉中一步步进入到对方设计的那个迷局，并最终领悟正确的人生态度的故事。

剧中，男主角的搭档为他设计了一个女儿，并利用亲情获取了主角的信任，最后，发生的一系列事情使得男主角在医院那间专门为他搭建的病房里陷入昏迷，但他在那段间歇的清醒中抓住了自己认为可以信任的身边人，请他将自己银行保险箱的密码转告给自己的女儿（那个被设计出来的角色），但当他做完这件事后，病房里很快就空无一人又无声无息了。

当然，这是一场骗局。所幸的是，男主角透过这段经历，内心的良知被唤醒，对于人与人之间的真实情感有所领悟，并因此赢得了一份真正的爱情，过上了幸福的家庭生活。

在电影中，与男主角接触的每一个场景和角色都在不断地做潜移默化的潜意识暗示，那些场景和角色都是在他那个搭档的精心安排下进行的，而凯奇这个专业的老千居然也会在自己熟悉的行当里被迷惑。

潜意识的影响力无处不在，我们生活中所显示的外在结果也都是我们潜意识运作的结果，你所看到的、听到的、接触到的，以及经常和谁在一起，都会被你的潜意识自动下载并储存，然后再不断创造出类似的场景，由此形成你所认知的世界。或许，你会认为这就是真实的世界，但实际上，那只是你透过自己的潜意识所感知的世界。

"你只能看见你所相信的，却不能相信你所看见的"。这句话是在说，对于我们的潜意识而言，只有我们相信的事物才会被其肯定，而对那些在我们潜意识中没有记录，或被我们的潜意识抗拒的事物，我们就不准备认清和接受事实的真相，因而对它们视而不见。

> 记得五岁那年，弟弟的出生让我顿时失去了父母的关注，我感觉自己被整个世界遗弃了，只好告诉自己要独立、要坚强。长大以后，我原以为自己可以有更多的朋友，得到更多的帮助，却发现人们总是在拒绝我，我做得再多也得不到他们的重视，我渴望亲密关系但又不相信爱，世界对我太不公平了！这一切都让我非常痛苦。

潜意识中受伤害的感觉和心碎模式

孩童时期,当我们的需求没有得到满足,当我们因为被大人拒绝或者忽视而倍感受伤时,我们就会下定决心,为了防止类似事件再次发生,为了保护自己免受伤害,因而选择了躲避、逃离、伪装,切断了自己与他人的联系并把自己封闭在那个受伤害的感觉里。从今往后,当类似事件再次发生时,我们就在强化这个受伤害的信念,长此以往也就形成了我们的受伤害模式。

当我们觉得自己受伤害时,为了唤起别人对我们的重视和关注,为了得到他人的爱,我们会发展出心碎模式。心碎,顾名思义,是我们决定把一颗完整的心撕裂或者摔成无数的碎片,目的是为了给伤害我们的人看看,仿佛是在说:都是因为你,我才会如此痛苦。心碎模式是受伤害模式的放大和延伸。有时候,这两种模式会在我们的内在同时运作,生产出各种负面情绪。在人际关系的各种冲突中,许多负面情绪都是在这两个模式的基础上发展而来的。

表意识所压抑的,潜意识会自动反应

在前苏联的电视连续剧《春天的十七个瞬间》中,有一位在德国做地下工作的女特工即将临产,上级决定把她转运到苏联境内去生产。因为,如果她在德国医院生产的话,很有可能会在分娩时因为疼痛难忍而用母语呐喊,那样将会暴露其身份。但运送过程由于交通意外而受阻,这名女特工最后也只能在德国医院生产。果然,当德国医生和护士从这位"德国"母亲的叫喊声中听到了俄语词汇，她一下子就暴露了自己的身份，盖世太保很快出现在医院逮捕了她。

"哪里有压迫，哪里就有反抗"。这是一句我们都很熟悉的话。

表意识，也就是那个正在思考的自己，它会判断哪些是对的、哪些是错的，哪些是自己喜欢的、哪些不喜欢的，以此来形成自己对外在的反应，但在这个过程中，我们总会自觉不自觉地欺骗自己。

小时候，因为我们要依赖父母才能长大，所以为了不被父母嫌弃、批评和惩罚，我们就学会了隐藏自己内心的真实感受，更加顺从父母的意愿。其实，从这我们就已经埋下了叛逆的种子并陷入了讨好、取悦的阴影。为了替父母亲承担家庭责任和分忧解难，很多孩子又发愿要快点长大，因此缺少了许多童年的快乐，使自己过于老成，也埋下了牺牲的种子。而我们就是这样逐渐长大的，过去的痛苦也被我们掩藏起来，不再愿意回忆和提起它们。我们甚至还会一度以为，那些让我们痛苦和受伤害的事情都已经不会再影响到我们了，而事实的真相是，你一直压抑和逃避的事情，却总会在你的生活中见缝插针似地出现。

这就是为什么有时候你会看到一个脾气温顺得像个绵羊的人，突然之间也会变得像一头发威的狮子一样充满了毁灭性的愤怒，这表示，他在潜意识层面已经积蓄、压抑了大量委屈的情绪，最终因失控而爆发出来。或者，是一个平素积极乐观、热情开朗的人，在某个事件或情境中突然显露出极度的悲哀、怯懦和极度的自我保护，那就有可能是他内心深处的恐惧和失望从未得以展现的缘故。

这一切，都是学习来的东西

有一位母亲，在遇到困境时，会用手敲打自己的脑袋，责怪自己为什么这么蠢、这么笨。这样的举动被她那个还不会说话的孩子看在眼里，也记在了心里，当刚上学的孩子遇到作业上的难题时，孩子的习惯性动作也是敲打自己的脑袋谴责自己、惩罚自己。

我们的情绪，无论是正面情绪——那些积极乐观的情绪，还是负面情绪——那些消极悲观的情绪，都不是与生俱来的，而是自出生以来，向身边的人学习来的。

原生家庭是我们人生的第一所学校，父母就是我们人生的启蒙老师。如果你从小没有在父母身边长大，那些抚养你的人，就是你的启蒙老师。通过你的观察，那个环境中的人们对生活的信念、长辈们对你的影响，包括他们的语言、行为、情绪和他们由此传递的能量状态，无时无刻不在影响和左右着你的情绪基调。

那些让你高兴的事情——高兴的反应模式，那些让你生气愤怒，让你讨厌的事情——生气的反应模式，都是通过下载得来的自动反应模式。就像你在自己的电脑里下载的一个软件程序，当你按动某一个键时，界面就会自动跳出一个对话框，而你脑中产生相应反应的速度要比电脑反应的速度快得多。

内在的这个操作系统在我们很小的时候就已经自动完成下载并设置好了自动反应模式，但麻烦的是，我们往往不记得是自己下载并设计了这一切，于是，我们任由潜意识心智不断重复地进行着自动的反应，感觉自己没有选择的余地和机会，更谈不上进行有觉知的回应了。这些状况就好像，我们只能按照电脑界面所提供的固定答案不断地按"确认"键选择下一步，而无法根据当下的实际情况以及我们内心的真实感受来选择不同的按键，以获得我们想要的结果。

对待情绪的四种反应：放纵、压抑、否认、觉知

假如我们一直对外指责，认为那些引发情绪的人、事、物就是导致我们产生情绪的主要原因，这不但无法消除情绪的障碍，反而会加重情绪的约束。只有当我们愿意向内看，从自身的角度来了解情绪究竟从何而来，以及我们对情绪的态度是否具有影响力时，才能开启那个转化负面情绪的解决之道。

当我们被一个情绪所控时，通常会有如下四种反应：

第一种，放纵情绪。就是任由自己的情绪放纵和泛滥，心里想着"反正老子就这样了，破罐子破摔了"，或者一味地生气、愤怒、漫骂、自虐、自残等；放纵情绪的方式可以是在酒吧酗酒、熬夜、以不吃不喝的方式虐待自己的身体、向身边的亲人耍态度等。

第二种，压抑情绪。当有情绪时，理智会告诉你，"我不能有情绪；情绪化是一个不好的词；我不能对那些掌握我利益的人发火"，如此种种。当陷入情绪之中而不能自拔时，也许你会用转移注意力的方式来掩饰它。虽然这样做可以从表面上暂时缓解你的情绪压力，让这个情绪暂时消退，但你却在潜意识层面记下

了这样一笔情绪债。如果你的表意识命令你控制好自己的情绪，你所反映的外在表象就像是大海，它的表面风平浪静，但在海平面以下却是波涛汹涌，你的肢体语言和神态会泄露你的紧张状态。带着强烈的负面情绪的肢体语言是向内、收缩又僵化的，而轻松、平静、平稳的心理状态所呈现的肢体语言只能是开放并自由自在的。

第三种，排斥和否认情绪。这就好像是你手里总是拿着一面盾牌，把别人对你的所有言行举止都看作是冲着你而来的，同时，否认自己的害怕，但实际上，因为害怕受到伤害，你关闭了自己的心门，龟缩在自己的城堡里，随时准备进行防守反击。

第四种，觉知和觉察自己的情绪。问问你自己，你最害怕什么事情发生？这些事情如何阻碍了你的生活和人际关系？你什么时候最容易生气？你愤怒是因为什么原因？在什么情境下，你会感觉到紧张与压力？当你觉得沮丧时，发生了什么事情导致你这样？你对哪些人和事情最容易挑剔，最看不顺眼？你和谁关系最冷淡？你最嫉妒谁？为什么？你和谁的关系最密切？什么场景会让你觉得很窘迫又很困顿？在什么环境下，你会变得焦虑和不安？什么人和事情能让你觉得高兴？哪些不良的生活习惯使你失去了身体上和生命中的活力？

如果你能很清晰地回答以上的问题，也就加深了对自己的了解。当我们对自己的负面情绪有所关注和认知时，我们就会逐渐意识到情绪与我们的信念和世界观之间的联系，并且渐渐地熟悉了情绪反应的基本规律和模式，除了需要下定决心寻找机会将这些旧的创伤治愈好以外，在我们还没有完全掌握情绪的内在秘诀之前，我们当下能做的就是保持清醒的觉知并观照这些情绪。对于之前从来没有真正直面过情绪的我们来说，能够这样做就已经是很大的改变了。

> 即使我知道了潜意识的形成过程，知道了自己的习惯反应模式，但有些烦恼的事情还是会重复上演。我只能随波逐流吗？还是，我也可以有其他的选择？

无意识地重复与有意识地冒险

人们渴望得到爱，又害怕失去爱的心理使得大部分人都处于渴望得到又害怕失去这个自相矛盾的状态。

我们的内在心灵有两个空间，舒适空间和冒险空间。舒适空间是那个已知的自己，我们一直熟悉和习惯了那些习以为常的生活状态。而冒险空间则代表着未知的自己那个隐藏着巨大潜能的部分和有待探索开发的领域。生命的成长空间只会发生在冒险空间而非舒适空间。但大多数人都更愿意停留在舒适的空间里，他们以为这样可以更保险、更安全些。事实上，想要获得更大的自由和空间，就要不断有意识地进入冒险空间，并努力学习和掌握这个空间，进而将每个冒险空间拓展成舒适空间。你的舒适空间越广阔，你所享受到的自由和创造的成就也就会随之扩大。无论你认为是好的还是坏的习惯，我们由每一个习惯所形成的固定反应模式都是经过了无数次无意识的训练才形成的。如果你不能清醒地发现它们，有意识地使用它们，那你就会不断无意识地重复当电脑因出现错误而死机时，我们能做的就是重启。死机的次数多了，我们就会知道电脑的操作系统有漏洞，现在要做的就是，要么下载一个杀毒软件进行杀毒，要么下载一个新的补丁，或者干脆重装系统。在人际关系中，如果你总是遇到情绪上的冲突，或者一再品尝错误行为所导致的恶果，当这些让你不堪忍受、使你意识到自己再也不能这样下去时，你就会作出一个改变的决定，这意味着你人生中那个转变的契机到了。

自我意识的觉醒来源于强烈的改变意愿。你清楚地知道，如果继续按照原来的方式生活下去，依然只能得到一个并不令人满意的结果，想要过不一样的人生就得有不一样的选择和行动。

在一次工作坊中，训练师问学员："大家想不想要环球旅行啊？"大家众口一词道："想！"训练师继续问："想不想要过上富裕的生活，数钱数到手抽筋，睡觉睡到自然醒？"大家又是异口同声地说："想！"老师说："那你们慢慢想吧！"

"想"是不能达到这些目标的，只有你"真的要"才能达到。"真的要"是一个很有力量的决定，当你真的要时，改变就会真的发生。

觉醒与领悟

圣贤和大师们常常教导人们要觉悟，而我们却常常感到对"觉悟"二字心有余而力不足。

让我们将觉悟分为两个阶段：一、觉醒，二、领悟。

觉醒是指从沉睡的自我意识中苏醒，成为自己的观照者，有觉知地看待和回应生活情境。在此之前，我们大部分的生活反应是出于本能或撞击式的反应。

想象一下,当你在看斯诺克台球比赛时,桌上红球和彩球相间,球手每次击打白色母球都会撞击一个红色目标球或者一个彩色目标球入袋。我们对事物的反应和与世界的互动方式,通常就像白色母球与其他颜色目标球的碰撞一样。当你对他人有情绪时,你就是那个去撞击红色目标球或者彩色目标球的白色母球;如果是别人对你有情绪时,你就是红色目标球或者彩色目标球,而撞击你的这个人就是白色母球,这就是情绪在人际关系中的冲撞效应。与撞球理论不同的是,无论是我们自己还是关系中的另外一方被负面情绪击中,并因此而进行的反击,都是迅速、准确又直接的,其速度有时比电波还快。

有一天早晨,快要迟到的某公司总经理飞车去上班,谁知路上却很堵车,总经理被一辆公交车别得很不爽,还与公交车司机发生了口角,到公司后总经理对秘书当然没有好脸色,秘书随即也对部门经理耍态度,部门经理又对下属员工进行了训斥,员工还对做卫生的工人指手画脚了一番,工人在公司受到了不公正待遇,下班回家后心情沮丧之极,就把在沙发上跳来跳去的孩子臭骂了一顿。孩子心里很窝火,狠狠地踹了身边那只打滚讨好自己的猫一脚,于是猫一路逃跑到了街上,正好一辆公交车急驶过来,司机赶紧打方向盘想要避让开,慌乱之中却把从路边冲过来追猫的孩子给撞伤了。

这就是心理学上著名的"踢猫哲学",人们有时也叫它"踢猫效应",它描绘的是一种负面情绪在人群中自动传染的典型案例。人们的不满情绪和糟糕的心情，一般会随着关系链依次传递，每一个人都有可能一手接住情绪，一手又抛出情绪，这个能量在人们的无意识中自动地完成了传递，其实，这就是一种心理疾病的传染。

俗话说：久病成医，当我们在某个困境中兜兜转转无数次之后，就学会了用心思考究竟发生了什么事情。我们渴望从更高的角度来看待事情的全貌和真相，当我们愿意去探索事情的真相，去寻找那些阻碍我们活在喜悦、宁静的人生之中的盲点和限制时，我们就开始走在觉悟的道路上了。

领悟就是在每一件事情中觉察自己的信念系统、思维模式和行为习惯，从过去被我们认为是受伤害的故事、带伤害性的事件、不堪回首的种种痛苦回忆和心碎往事中，寻找到对我们的生命有价值并对我们的成长有意义的部分，从而让我们觉察到使自己受苦和受困的信念盲点和限制，并使自己从这些信念的限制中解脱，获得一种新层次中的自由能量。

用心方能有所收获，悟到自然会得到。

第二章 情绪就是受苦

一位将军向禅师请教，他问："这世上真的有天堂和地狱吗？"

"你是做什么的？"

"我是一名将军。"

"哈哈哈，像你这样的笨蛋也能当将军？你倒不如去做一个屠夫。"

"你这人如此无礼，算什么禅师，看我不宰了你！"

"地狱之门，就此打开！"禅师说。

"对不起，请原谅我的失态……"突然意识到自己的无礼，将军急忙道歉。

"哈哈，你看，天堂之门即刻向你开启！天堂和地狱就在你的一念之间啊！"

情绪分为两种：快乐的正面情绪和不快乐的负面情绪。本书中所谈到的情绪基本都是指不快乐的负面情绪。

负面情绪是导致身心出现障碍、失去平衡、产生痛苦甚至疾病的主要原因之一。

负面情绪带来的痛苦在生活中随处可见，负面情绪的类型也是千差万别、品种齐全。恐惧、沮丧、怨恨、愤怒、无聊、自怜、忧郁、自卑、傲慢、嫉妒等负面情绪所引发的痛苦往往在人群中像瘟疫一样扩散和传播。

处在负面情绪之中时，不但我们自己觉得痛苦、不堪忍受，连身边的人也会被我们的痛苦所干扰和影响。

> 你所提到的那些情绪我都有过，可那不是我想要的，都是周围的人、事、物迫使我产生的反应，他们太离谱了！所以，我想是该向他们发发威了，否则，人们怎么会关注到我的需求？

有情绪就是你在受苦

有情绪就意味着我们已经在受苦了，不论这个情绪是什么，其实质都是一样的，我们被一个叫做情绪的东西所左右和控制，而不能在其间自由出入。

当你有情绪时，是那个情绪在指挥你做一些条件反射的回应，而不是真实的你在说话。就像你在驾驶的一辆汽车，突然不受你的控制了，它从有人驾驶变成无人驾驶，你眼睁睁地看着汽车朝着一堵墙壁高速地冲过去，顷刻间，你被撞得头破血流，车毁人伤。我们在人群中的情绪冲突，除了偶尔引发身体流血事件以外，事实上，每一次经历情绪的痛苦，我们的心也都在流血。

受害者与受害者监狱

当我们认为，人们应该满足我们的各种需求，别人应该对我们的生活负责任时,受害者就从中产生了。

受害者的一大特征是:面对外在的环境,我们是处于被动、无能为力且失去控制的地位。当我们觉得自己的生活失去了控制,丧失了主动权,我们就会产生怀疑、嫉妒、愤怒、埋怨、指责等情绪,同时觉得自己被伤害、欺负、侮辱、侵犯,甚至是利用,等等。受害者的言语是:"是他人让我承受如此多的苦痛"、"都是他们害的我"、"一切都是他们的错"、"我是无能为力的"。

受害者的情绪通常源于以下两点:一、固执地认为"我是对的,他们都是错的",凡事都有自己的道理和解释,一切事情都可以找到借口,并且把借口合理化;二、坚持认为"所有的人和事情都是针对我而来",因而浑身带刺,随时准备反击。

监狱并不只是那些拥有带着铁丝网的高高围墙、看守和牢房的地方,这只是有形监狱的定义。在我们大多数人的内心里,还有一座无形的监狱,那是由我们的心碎记忆和限制性信念所形成的监狱。

在国外等着拿绿卡而不能出境的中国人,形象地把等待绿卡的这段时间称之为坐"移民监";当某一个足球运动员因为违规而接受停赛的处罚时,人们说他是在坐"球监"。当我们在情绪中受苦时,就是把自己关在内在的一个监狱里服刑,这个监狱的名字就是"受害者的监狱"。

美国电影《肖申克的救赎》所隐喻的就是我们每个人的内在都有一个信念的监狱,电影中有这么一些经典台词:"监狱里的高墙实在很有趣。刚入狱的时候,你痛恨周围的高墙;后来,你渐渐习惯了生活在其中,最终你发现自己不得不依靠它而生存,这就是体制化。"——很多人厌恶痛苦的生活,但又会依赖痛苦。他们情愿选择过着经常抱怨、又不愿意改变的日子,因为,在这个选择里隐藏着可以随时怪罪和批判的好处。

"监狱生活充满了一段又一段的例行公事。"——机械式重复的生活就是一成不变和了无生气的例行公事。

"我经常对自己说,有些鸟儿是关不住的。他们的羽毛太鲜亮了。当它们飞走时,你在心底里知道把它们关起来是一种罪恶,你会因此而感到振奋。"——改变的动力来自于觉醒的力量,你的成长是对身边伙伴最好的支持。

受害者的监狱里关着很多人,这些人也许是你一直在抱怨的政府、父母、伴侣,也许是你的上司或者你的朋友。街头的公共设施经常被人损坏,大都是那些愤怒的人们为发泄他们的不满所致,因为内心的无名恐惧和不安,他们把自己的不满迁怒于社会和政府。

不论因谁而受到了伤害,我们的受害情绪都是因为自己某些隐藏的需求没有被满足,就觉得自己处于被动地位,无法掌控局面,转而生出怨恨和指责等负面情绪。在欲望层面,则是因为我们有太多的欲望没有被聆听和实现,而我们自己也很少花时间去审视自己是否真的需要这些东西,我们从来没有或者极少意识到,物质的拥有只能带来短暂的满足感和快感,它不能让我们的内心达到极致的愉悦。种种没有满足我们的人、事、物,都使我们有了足够的理由让自己身处受害情绪之中。

情绪的勒索——你绑架了你自己

情绪的勒索是受害者最喜欢使用的一个心理游戏,其特点

第二章 情绪就是受苦

是：以伤害自己作为条件来获得自己所在乎的人的关注。当然，寻求注意力的根本目的就是要得到那个人的爱。

我们知道，受害者总是处于被动和否认排斥的位置，其主要特征是否定当前的一切，认为这一切都不是自己想要的，并且拒绝承认目前的处境跟自己的选择有关，拒绝承担自己的行为所带来的结果。认为一切都是他人的错，并要求他人对自己的情绪负责。

情绪勒索是你要求关系中的另一方对自己的情绪负责。你把自己作为人质绑架了，让自己难受，使自己痛苦，关键目的是要引起对方的关注，获得对方的关爱，你以为如此就可以获得更多，这种绑架要索取的是"注意力赎金"，是一种利用他人的内疚感和罪恶感来控制对方的方法，而这个"对方"或许是亲密关系中的伴侣、你的父母，或是上司。当你让他们觉得对不起你时，你就能向他们索取回报，从而获得你想要获取的安全感和满足感。

实际上，拽住对方的同时，你也没有放过自己。如果你不能对自己的情绪负责，更没有其他人能够对你的情绪负责。情绪勒索的实质是，我们内在有个受伤又无力的小孩在耍赖，在用拒绝爱的方式呼求爱。你一方面有一个极细微的声音在呼求爱，另一方面又有一只手在使劲地把人们的爱推开，这都是既渴望得到爱，又害怕失去爱的恐惧心理在作怪。

> 过去，伴侣总是能满足我几乎所有的需求，但他最近却常常装傻拖延。当我追问他为什么这样时，他甚至开始对我吼叫，这难道是我的错吗？他过去不是做得很好吗？

温柔的控制

很少有人说我的爱已经足够多了，我不需要爱。事实的真相是，我们此生都是为了学习爱这个功课而来。

小时候在父母身上没有得到的爱，使得我们对爱产生了更多的渴望，渴望得到那些没有被满足的需求。我们习惯以需求或乞求的方式来建构每一段人际关系，习惯从身边的每一个人身上去看他如何爱我以及如何对待我，如果他按照我喜欢的方式对待我，我就喜欢他并亲近他，如果他不能够按照我喜欢的方式对待我，或者还指责批评并攻击我，我就远离并且回击他。

就是在找对象方面，我们也是以需要为导向，我们往往会说自己要找一个什么条件的伴侣，看看他/她在哪些方面可以满足我的需求，我们害怕失去自己已经拥有的，同时害怕别人给不了我们想要的。我们不相信身边的人可以看懂自己的需求，我们就用控制的方式来保护自己已经拥有的，要求别人必须这样来对待我。当然，我们只会对那些与我们很亲近的人这么做，因为你知道只有他/她才真正在乎你。

温柔的控制的一个特征，是以内疚感来控制你的人际关系对象，这个对象可能是我们的父母或伴侣，也可能是我们的朋友和工作伙伴。温柔的控制的特点是蚕食，一点一点地渗透，也就是我们刚开始要求他人为我们做的事情，不会因为太难而吓跑人家，我们刚开始只是提出一点点看上去并不过分的要求，被要求的人迫于面子或者因为其他原因总会勉为其难地答应，但时间一长，再有耐性的人也会有愤怒爆发的时候，这就是温柔的控制的结果。

因为害怕失去，所以我们所做的只是在保持现状，而无法着眼于未来。这种控制使得美好的事情很难发生，因为控制使得他人将能量用在应付你的控制部分而非创造部分。

> 我是一个对自己要求很高的人，每件事情一定要做得很完美。要是有所纰漏，那就一定要有人对那个错误的结果负责！我身边总是有很多不负责任、马马虎虎、笨头笨脑的人，他们的表现真是让我揪心。

完美是挑剔的代名词

小时候，父母为了不让我们惹出更多的麻烦，会用惩罚和控制来约束、管理我们。因此，我们觉得自己必须够听话，不惹祸，一切都要很完美才能得到父母的关爱。因而，我们建立起必须获得人们的喜欢、接受、认可、不能犯错误、必须很完美的幻象，这些幻象就形成了我们日后对自我和他人的完美逼迫。

完美的逼迫是以挑剔为前提的。如果没有什么能够让你满意，你对外在世界的一切人、事、物就可以随意地发表自己的评断和批判。在我们周围很容易找到这样一些人，他们对一切都不满意，肆意地批评谩骂一切，当那些发泄自己压抑情绪的人所造成的影响已然成为了社会公众事件时，媒体的报道使之成为人们关注的焦点，他们在无形之中也就成为某些有着同样情绪的人们"发泄和报复的代言人"。

随意地放纵和发泄自己的情绪，和随地吐痰、乱扔果皮纸屑、随地大小便是没有两样的，但是人们很少从这样的角度来看待身边的人乱扔情绪垃圾的行为。人们很少能意识到，心灵的洁净对保护自然环境的重要性。是人类内心种种狂躁不安、恐惧焦虑的情绪污染了人们的内在环境，由此及彼，人们自然也不会珍惜自身赖以生存和发展的外部环境，外部环境是我们内心环境的真实写照。想要拯救地球母亲吗？从清洁你内心的情绪环境做起，这是保护地球的真正起点。

神的完美创造是要让每一个人都最大限度地发挥自己的生命潜能，当我们的注意力都用在控制身边的人按照自己喜欢的方式对待自己，生活在规则里时，这种温柔的控制就转变成完美的逼迫。

如果你对自己有很高的要求、有很多的期望和需求，这就是对当下自己的否认和不接纳，当你认为完美的自己应该是在未来某个时候的样子，那表明你对当下的自己不满意。觉得自己不够好，你就是在拒绝当下的快乐了。这些预设的快乐标准也阻止了你对自己未知部分的冒险和探索，同时也迟滞了你前进的步伐。

假如你对自己说，"我必须、我应该、我一定要、我不得不……"，你就是在逼迫自己。没有人喜欢被逼迫，当我们这样逼迫自己时，我们也会以同样的方式强迫他人，并因此制造出人际关系里的冲突，当我们给出的压力回弹到自己身上时，我们会变得很沮丧、也很失望。

只有我们愿意放下过多的主观欲求和期望，放下"我非得要如何才是完美的、我非得要某件东西才是快乐的"这样的假设前提，生活中才会自然发生很多你原来想要的成果，甚至超越你之前的想象，出现更多的惊喜和奇迹。或许很多人都有过这样的经验，有时候我们急需要某件东西，却一直都寻找不到，但等我们不再"需要"的时候，却满大街都是原来想要的东西。

温柔的控制和完美的逼迫都使得我们不能爱自己，又要求身边的人爱自己，这是很矛盾的心态。当你不知道自己真的要什么，同时又无法给予自己的时候，别人是很难接近你或者爱你的，就算是身边最亲近的人，他们能做的也只是猜测你的心思，小心翼翼地与你交往。控制和逼迫往往使我们卡死在这样的一种状态里，而我们所使用的呼求方式又是他人看不懂的方式。这种方式看上去是控制，实际上是在呼求亲近和帮助。

改变的方向是放下你的控制和逼迫，给自己足够的允许和接受，接受不完美的自己，放下习惯性的防卫，愿意冒险使用说真话的方式来和伴侣以及亲人交流，说真话使得每一个人都能活现出生命的创造力和喜悦。

> 老师，为什么我总是对周围的人、事、物看不顺眼，我常常觉得这个世界太不公平了，让我吃了那么多的苦，受了那么多的罪，我还是无法控制自己的情绪，我该怎么办？

所有的负面情绪都是你对自己的攻击

所有的负面情绪都可以被视为一种对我们自己的攻击和伤害。你对别人和对外在世界所做的事情之中包含了你内在拥有的事物，这个事物就包括你的负面情绪。在对他人有情绪之前，你已经无数次地自我攻击过了。

在一次工作坊中，老师要求我们做一个发泄不满、指责和怨恨的练习。

首先，练习的对象是父母。老师要求我们在规定时间内尽可能地把心中压抑已久的对父母的抱怨、不满乃至愤怒发泄出来。当然，这个环节是在黑暗中进行的，黑暗中没有人看见你的脸，同时当你了解到每个人都在大声控诉而不会听到别人说的话时，你就可以毫无顾忌地发泄你的情绪了。这个环节，我把它称之为"痛诉革命家史"。当全场响起一片大声的呵斥和哀怨的声音时，我才意识到"家家有本难念的经"这句话的深刻含义，好像每个人的内心世界都有一本"成长的血泪史"和"受苦的经验"。

第二步，老师要求我们抱怨老板和伴侣，这时我们对发泄情绪已经有了些初步的经验，于是就更加理直气壮、群情激昂地控诉起老板和伴侣的种种罪状。

第三步，老师要求我们谩骂自己，这时，我们把各种凶狠又恶毒的词汇都用上来了，"你这个笨蛋"、"你这个畜生"、"你是个废物"、"你这个饭桶"、"你这个杂种"、"你一事无成，你什么事情也做不了"、"你这个败家子"，等等。小时候父母对我们常用的训斥语言和身边大人吵架时的日常用语此时全部都有了发挥的空间，真是越骂越有经验，也越骂越流利和痛快了。当我们骂得快没力气的时候，突然间灯光大亮，老师说话了，"你们骂过瘾了吧？你们感觉到这几个练习之间有什么联系吗？"

这时候，我们才恍然大悟，我们如何抱怨父母，就会如何抱怨伴侣和老板，同时，我们也是如此抱怨自己的。我们在对他人有情绪之前，其实，内心已经无数次地对自己这样做过了。

负面情绪对身体的伤害也是显而易见的。台湾一位资深的医师兼心理学专家许添盛先生，针对华人世界做过数万例男性癌症患者的案例分析后，得出了一个惊人的结论，导致中国男人肝癌患病率居高不下的主要原因，不是饮食作息习惯，也不是环境因素，而是中国男人习惯于压抑自己的真实情感，不擅长表达自己的情感。

心理学专家和医学专家经过研究发现，80%以上的疾病都和我们的心理情绪有关联。风靡全球的畅销书《生命的重建》的作者路易斯·海透过自己的亲身经历告诉我们，负面情绪是直接导致身体疾病产生的主要原因之一。她罗列了一张表格，每个发生在身体上的不舒服症状都对应着一种消极的心理暗示和负面情绪，你每修正一个关于情绪的信念，也就自动修正了身体对思维的习惯性反应，其效果是：不打针，不吃药，你的某些慢性病的症状就开始缓解，甚至最终得以痊愈。

所有的痛都是美丽的误会

因为我们从小学习来的 做错事情就要受到惩罚，我们也学会了这样一套游戏规则——一旦做错了事情，就会不自觉地惩罚自己，如果没有惩罚，自己甚至还会有不自在的感觉。是你自己制造了自己的罪恶感，虽然你已经长大成人，但那个做错事情在等待父母惩罚的孩子依然还在，当你愿意向内心去探寻，去呵护那个依然还是那么胆小，害怕受惩罚，又很痛苦的内在小孩时，你就会开始理解，所有的痛都是美丽的误会。

所有在当下涌现出来的痛苦，其种子在幼年时期就已经埋下了。之后，它们就在你的潜意识里生根、发芽、长大，直至遮盖住你的本来面目，所有的痛苦都是新伤唤醒旧痛——昨日重现，是昨日那个受伤害模式在今日的重现。

因此，我们了解到，大部分的负面情绪都起源于我们觉得被伤害。在被伤害之初，是我们为了自我保护和防卫而做了错误的选择，因而形成了我们心中的限制性信念。我们因为选择相信恐惧而远离了真爱，我们以为从情绪中抽离可以带给我们快乐，而事实是这反而使得我们更不快乐。我们要做的功课是，安抚自己受伤的心灵，透过解读不断重复出现的情绪模式来认出真实的自己，唤醒觉知的力量，重新赢回选择的权力。

人生就像"超级玛丽"

人生就像一个电子游戏，我们的情绪模式就像是游戏中的闯关设置，当你因为没有掌握游戏的诀窍而在某一关牺牲时，你会看到"Game over"（游戏结束）这几个字样的出现。拿很多人都熟悉的超级玛丽游戏来举例，在哪一个地方藏有金币，什么时候要顶一下、什么时候要跳一下，哪一个地方是危险地带，哪里有怪兽，如何掌握跳跃壕沟的时机，我们在死过很多次、玩过无数遍之后才会熟记其中的规律，并最终顺利到达城堡救出人质。所以，你必须在你热爱的游戏中玩很长时间，才能得到那些常人体会不到的奥秘和特别的体验。

负面情绪的出现就是我们没有读懂自己的心理需求，并对其做了错误的诠释。就像是不熟悉闯关的各种路径一样，我们以为自己必须经由他人的给予，那些没有被满足的需求才能得到满足。我们在这个部分的执着造成了自己的痛苦，因此当我们的视线向外寻找时，也忽视了自己本来拥有的俱足和丰富。

在下一章中，我们将深入探讨我执的形成及其所进行的游戏，以此来帮助我们认清假我的伎俩，让真我得以重现。

第三章 情绪是我执的游戏

> 我执是什么？他与我的关系是什么？他在我的生活中扮演了什么样的角色？

从一个受孕的卵子开始，我们就在创造生命的体验。医学专家的研究表明，胎儿是有记忆的，对于在母亲腹中的经历，很多孩子在后来都能回忆起一些片段。

我们的触觉，在受孕七至八周即已形成；嗅觉，大约在受孕两个月时形成；味觉，则大约是在受孕三个月的时候形成；听觉，在受孕二至五个月形成；视觉，在受孕四个月形成，我们从这些职能器官所接收的讯息，透过神经系统的反射，体现出我们的基本生存需求。

婴儿从出生起，就在持续地建立自我形象、自我观念以及累积自我的经验与价值。我们将经验到的这一切，形成了一种非常个体的、主观性的认知与观念，我们将这些称为"我"，"我"所经历的一切就是"我的人生故事"。我们用这个已知的"我"来看这个世界、听这个世界、诠释和反应这个世界，这个已知的结构，我们称它为"我执"或者"自我"。

有"我"和"我的"，与之相对应的就有我之外的"他"和

"他的"以及"他们"和"他们的"整个外部世界。这样,我们就把自己和整个世界隔离开来,我们就用那个固定的"我执"概念,以固有的信念模式来诠释外在世界的人、事、物,用已知来解释当下和未知,所得到的结果就是不断重复并使自己的生活保持现状。

"我"是和合之物——我执的故事

严格意义上来说,是没有一个固定不变的"我"的。

从营养学的角度来说,人体是由六大营养素构成:脂肪、碳水化合物、蛋白质、维生素、矿物质、水,其中水分占人体的65%-70%。

从生物和物理的角度来看,人体是由器官组成,器官是源自于组织,组织由细胞构成,细胞是构成人体的基本单位,细胞再细分下去是分子、原子、电子……人体有点类似于一辆汽车,是由许多零部件组合而成的。

在传统意义上,所谓的"我"代表着我的名字、我的身体、我的形象、我的言论、我的情绪等和合之物。这个和合之物是随时随地都在变化着的。

身体的数字可以说明:一个体格健壮的成年男性,在1小时内约有60万个皮肤细胞脱落,每50天左右全身皮肤就会更新一次。指甲平均每天的生长速度为0.1毫米,头发每天能生长0.3~0.5毫米,人体每日产生10亿新的红血球,每个红血球的寿命约4个月……

而我们脑子里所产生的念头更像白驹过隙一般,瞬息万变。

由此可见，单独的身体不是"我"，头脑形成的思想也不是"我"，它们都只是构成"我"的一个部分。

种种迹象表明，变化是人生的一个常态。认识到那个"我"不是一个固态，而是一个不断变化着的量变单位，并能够接受这个真相，我们就成长了。印度现代哲学家和灵性导师奥修曾经说过："对一个智者来说，不确定是家常便饭。能够随时随地处于不确定之中就是勇敢，能够随时随地保持在不确定之中就是信任。"

我执为了巩固"我"的地位和强化"我的故事"，因此在外部世界寻求更持续的自我认同感，这些往往是建立在恐惧基础上的防御系统和反应机制。为了弥补内心的匮乏感和空虚感，为了得到更多的满足感、安全感，以及总是处于渴望得到爱又怕失去爱，害怕继续受伤的恐惧之中。由此，我执发展出一种能力，就是透过拥有或者占有更多的资源来满足其生存的需求。为此，我执在我们的生命中创造出一些戏剧性的游戏来不断上演，以帮助自己得到更多的注意力来巩固其地位。

我执的十二个游戏

好与坏、对与错的游戏

我们从小就学会了如何在事物中区别好和坏、对与错，我们从父母的言传身教、从老师的教导、从童话故事和电影里得到标准。再长大一些，当我们能够学会用自己的眼光来看待事物和思考问题时，才发现生活中的好人和坏人并不像大人们教导的和电影里描写的那么简单，就像在过去的电影中把好人和坏人脸谱化就会显得很不真实一样。现在的影视作品中，对人性的描写则会更加真实，再坏的人也可以有善的部分，再好的人也会有一些不完美的地方，甚至是明显的缺陷。

"塞翁失马焉知非福"的故事已经告诉我们，世界上的事物没有绝对的好坏之分，也无绝对的对错之别。好和坏、对与错，都是源于人们看待事物的角度不同而从不同个体发出的对事物的诠释。

"福兮祸所伏，祸兮福所倚"，万事万物之间是互相关联、彼此依存的关系，若把事物单纯地分为好的、坏的、对的、错的，就是孤立地看待事物，因此，难免有所偏颇，进而产生"我是对的，别人是错的"的想法。

看待事物的单一角度使我们的信念固化，从而转变成一种执着，我们就在这个执着的情绪中受苦。

好坏与对错，也使我们产生了分别心。我们一直如此分别万事万物，把所有的人、事、物分离开来，贴上"好的"、"坏的"、"对的"、"错的"的不同标签。同时，我们也在内在将自己的过往事件区分成好、坏、对、错的各个部分，贴上标签，这使我们的人格变得分离而不完整，人际关系变得疏离而不和谐。

输和赢、比较与竞争的游戏

很多科幻电影讲述的主题都是关于在未来世界中的人类和外星人，或和机器人争夺能量的故事，与其说是讲述未来的事情，不如说是在隐喻我们的现实心理状况。我执制造的一种游戏就是能量的争夺，而争夺能量的基本方式就是玩有输有赢的心理竞争游戏。

通常在有人赢的地方，就会有人输。如果关系中的另一方没有赢，就算是你获得了暂时的胜利，其实也没有真正的赢，因为输的一方还会想办法扳回一局或者伺机寻求报复。我执把和你有关系的人当成了竞争对手和利用对象，你一直在和他人比较与竞争，你总是想在各个方面胜出对方，企图打败对方，并以此获得优越感和更多的注意力。

真正的赢是双赢，双赢是在关系中的双方都有机会讲出自己的真话，在彼此都充分了解了对方的观点之后，达成一致的意见。真理之道是让每一个人都赢。

你是否把同事当成敌人或者竞争对手？是否如此对待你的亲人和伴侣？是否把和你有关联的人看成了陌生人？在和人们相处时，你是否总在要求对方先满足自己的需求，而不愿意聆听对方的心声？如果他们在某方面输了、惨败了，那可能不是意外，其中或许有你的愿力存在。

你是不是把和你有关系的人当成你的团队成员？你是不是把你的伴侣当成你的成长伙伴？你是否完全相信和明白，他们是你生命中使你进步的助力而非阻力呢？你是否愿意相信，他们的成功，也会帮助你成功？

分裂感和分离感的游戏

我执创造分离和分裂感，分离和分裂感带来痛苦。

我执是建立在恐惧的基础之上，因而由恐惧而衍生的负面情绪总是会制造分离感和分裂感。我执把"我"与"非我"对立起来，把"我"从整体中抽离出来，把个体和整体分裂开来，这就是孤立和孤独，而不是带有完整性的单独。这种分裂感，总会驱使你要去做点什么来证明"我的生命是有价值的"、"我是一个有用的人"，或是制造失败和困境来验证："没有人爱我"、"没有人需要我"，以及"我是孤立无援的"。

无数的事实已经证明，向外的寻找只是徒劳。在恐惧的地方，你不可能找到爱。按照过往的经验，你可能永远也到不了那个虚拟的目的地。只有转向内在的探索，擦亮你的慧眼，才能觉知生命的洞见，就像前言中那个禅的故事，一切的宝藏都已经深藏在你的内心。

遗弃和被遗弃的游戏

当你的自怜情绪冒上来的时候，其实你已经在不知不觉之中自我遗弃了。

自我遗弃带来自我放弃，最大的自我放弃就是放弃对自我生命负责和全然实现的态度。

被遗弃感是人类灵魂深处的伤痛，我们的被遗弃感来自两个方面：觉得被父母遗弃和被存在（老天）遗弃。尤其是那些父母过早去世或是被抛弃的孩子，这种被遗弃感会特别深刻。那些在小时候经历父母离异的孩子，或是从小没有与父母在一起生活的孩子，因为长久缺乏联系和联结，也会有被遗弃感，从而成为"父母双全的孤儿"。

这些被遗弃的感觉深深地刺痛了我们，每一次被刺痛都会导致我们不停地逃离那个伤心之地，无意识地伤害自己，不断地贬低自己、诋毁自己，痛恨自己的存在，生活变得毫无意义和价值，常常恨不得自己马上从地球上消失。我执驱使我们一次次不断地在人际关系中制造抛弃与被抛弃的故事，这也使得我们常常陷入沮丧和迷茫的沼泽地。

带着这种被遗弃的感觉进入亲密关系的人，往往很难享受真正的亲密感，伴侣也会感觉到与你之间仿佛有一层看不见的隔膜在阻挡着，因而很难走进你的内心世界。

在被遗弃感不断累积的过程中，我们为了保护自己不再受伤害，就用防卫的盔甲把自己一层层地包裹起来，活在面具和角色扮演里。我们也学会了用牺牲自己的真实感受和不断逃离的自我保护方式来换取权威的评价和人们的认同。同时，我们还会筑起高高的城墙，挖条护城河把自己和未知的危险隔绝开来，让自己住在所谓的安全城堡里。我们害怕别人不爱我，同时也害怕给出自己的爱，事实上，在被遗弃感中，我们根本无法相信爱。

特殊性、重要性的权力斗争游戏

成为重要人物和创造特殊性是人间最常见的一种权利斗争游戏，成为那个最重要的和最特殊的人，最大的好处是可以获得更多的注意力、权力以及资源，而注意力和权力所带来的利益才是斗争的重点。

人们竞争心理的根据是，我们认为资源总是匮乏和不足的。为了求得必要的生存和发展条件，我们被教育成必须把人生当成一场竞技体育比赛甚至是一个杀戮的战场,似乎只有争个你死我活、你输我赢,才能获得一席之地,这些都是争夺注意力和能量的游戏。

成为重要人物,成为特别的人,获得重要的权利、获取更多的资源,就有可能使我们获得更多的注意力和能量,凭着这些东西就可以得到奖品。权力斗争的奖品有:荣誉、金钱、性的魅力和吸引力,老师、老板、父母等权威的认可、肯定和欣赏,朋友和邻居羡慕的眼光、可支配的权利和可利用的资源。同时,我们也暗中希望打败其他竞争者,希望他们失败,或者如果有可能的话,干脆让他们从此消失掉,最好是他们永远都不要成功。因为,我执往往认为,飞往成功的飞机上座位有限,"我"关心的是我是否能够占到座位,至于其他人,只能听天由命了。所以,没有座位的人就得从飞机上跳下去。

控制与牺牲的游戏

孩童时期,当我们的期望和需求没有得到满足,当我们不被大人认可、接受和重视,不被喜欢和爱时,我们就学会了用控制的方法来得到想要的东西。控制的方法是多种多样的,比如,假装可爱、假装亲切、显示自己很有能力、装勇敢,等等。总之是压抑和否认自己的真实感受,并且伪装自己,我们以为做这样的选择可以让自己快乐,其实为今后的不快乐埋下了伏笔。

当透过控制手段并不能得到自己想要的东西时,我们就会进一步打压或者谴责自己的期望和需求,同时,把这些需求隐藏起来,它们就成了自己日后在潜意识中的需求,当不能被满足的部分越来越多时，我们又会创造出一些幻想来满足自己内心的渴望。

因为控制的武器失效，我们有时会举起另一面旗帜——牺牲。

牺牲也是一种自我放弃，觉得自己不重要，甚至可以被忽略不计。当我们觉得失望乃至绝望、沮丧、孤单、不被重视和喜欢、也没有人爱时，我们就会选择让自己从情境中抽离出来，做白日梦，接着选择逃离和补偿。这也是为什么那些觉得自己缺乏爱的年轻人，或者是单亲家庭、离异家庭的孩子，会选择陷住在某些纠结无奈甚至备受折磨的关系中，这其中就有通过牺牲来换取注意力与爱的我执伎俩。

牺牲的特征是逃离、抽离和不断地自我放弃，同时，用伤害自己和他人的方法来报复那些没有满足我们需求的人。

牺牲者在自我牺牲中往往会有被利用、被欺骗、被交易的感觉，牺牲也使得我们在人际关系中看起来只有付出而没有回报。因为，我们在牺牲中已经关闭了接受的大门，因此经常会把人们的真诚给予和分享误解为是一种伤害和利用，这就是人们平时所说的"好心当成了驴肝肺"。

利用与交易的游戏

我执在人际关系中的态度是对关系所带来的利益感兴趣。以利益为导向，而不是对双方交流中的成长与共鸣感兴趣。在交往中，我执往往过分关注金钱的需求，而忽视关系中对方的真实感受。

我执会使你将人们分为三大类：一、可以帮助我的人。我执会对这些人特别注意，对他们的需要有特别的讨好和取悦；二、不能帮助我们的人，社会地位比我们低的人。我执就瞧不起，甚至贬低他们；三、中立的、没有利用价值的人。我执基本忽略掉了这些人，对这些人的态度是漠不关心、视而不见。因此，在我执的人际关系之中，大部分都是利用和交易型的人际关系。

这种人际关系交往方式带给我们的结果就是：即使你处在人群中也会感到深深的孤独和寂寞。

占有与拥有的游戏

"是满足一千个欲望重要，还是战胜一个欲望重要？"

法籍印度导演纳林·潘（Nalin Pan）拍摄的电影《色戒》（钟丽缇主演）中，因为贪恋俗世的情欲而还俗的僧人达世收到了师父生前写给他的一封信，信中提出了上面这样一个疑问。这个问题也是提给我们每一个人的。到底是满足欲望能够带来快乐，还是战胜欲望能够带来快乐？在没有完全认知欲望的真实面目之前，对于这个问题的解答我们还是不得而知的。

我执认为，"占有和拥有等于快乐"，这个限制性的信念制造出"必须如何，才能如何……"的假设。在这种假设之下，我们的快乐是有条件的，人们对于所有权的追求就近乎狂热了，我们执着于让更多的物质财富写上自己的名字，执着于成为别人认为的成功的样子，以为只有获得别人的认可与认同、欣赏和赞美，以及拥有足够的荣誉，我们的生命才会有价值、有意义。

渴望过美好的生活、渴望拥有令人羡慕的别墅、高级轿车、名牌大学的文凭、优厚的薪水、环球旅行等等，这些都是人之常情。但是，如果你不是真的享受这些奋斗过程中的乐趣，而是固执地认为自己应该如此，才能称得上是成功幸福的话，那么，我们不但曲解了"幸福、成功"的真正内涵，同时，对这些事物的执着也将不断令我们在情绪中受苦。

否认与排斥的游戏

否认、拒绝、排斥当前已经发生的生命实相，是导致我们很多人不快乐的原因。

我们已经习惯了把一切都诠释成自己所相信的样子，给所有的人、事、物都贴上自己的解释标签。所以有人说："世间不如意十之八九。"其实，那个不如意只是你的认为而已，那些你不喜欢的人和事，对于他人来说，可能正是他需要的人和事。

我们对自己也有很多的否认和排斥，很多人不喜欢自己的身体，拼命想把自己的身体塑造成标准的魔鬼身材。有一个女生，她有着丰腴的体态，很有十八世纪的贵妇风韵，但她却总是在不停地吃各种减肥药，尝试各种节食计划，这一切最终导致了她的消化系统和内分泌系统紊乱。很多人不喜欢自己的长相，而迷恋上了整容机构。一位曾经向我咨询过的毕业于播音主持专业的年轻女生，她有着精致的五官，修长匀称的身材，可她仍在向我抱怨对自己的脸部很不满意，准备去医院整容。很多人选择了收入比较高但自己并不喜欢的职业，每天起床去上班都像是在与某个人进行战斗。有些人否认自己选择的婚姻，对自己的婚姻不满意且又没有勇气去面对，因此，选择婚外恋作为一种心理补偿，而让自己陷入分离和罪恶感当中。

当我们无法接受自己的外形、行为、思想、信念和过去的种种经历时，我们就是在对抗我们的生命本身，否认那些是我们的一部分，是我们过去有意无意之中选择的结果。否认和排斥构成了一种对抗，而对抗使得我们失去了力量。

内疚感和罪恶感的游戏

恐惧是所有负面情绪的源头。由恐惧而生的内疚感会衍生出无价值感、无意义感、无聊感，而罪恶感则是一系列的自我谴责和自我惩罚，它们在以下这两句话中得到了体现，内疚感就是"我不够好"，罪恶感就是"我不配得"。

内疚的外在表现往往是在人群中显现较低的自我价值，瞧不起自己，觉得自己凡事都不如人家，事事都无法顺心如意，同时，自惭形秽的收缩性能量也常常会吸引到别人对自己的伤害和攻击。罪恶感的外在表现则是，因为自责而选择透过批判或攻击他人来转嫁自己难以承受的心理压力，这将会制造出情绪冲突或者肢体冲撞的事端来。我执的阴谋是，在冲突中我们才感觉到被注意、感觉到自己的存在价值。同时，我们也深深地爱着自己的受苦经验，并且在无意识中不断地强化着这个受苦的经历，同时对那个受伤害的信念深信不疑。

投射的游戏

万法唯心所造。外部世界是我们心灵的投射。我们所看到的外部世界其实都是我们把自己所持有的信念向外投射的结果。

想象一下，张三、李四和王五三个人在一个会议室里开会，每个人手里都端着一台投影仪，这个投影仪是三维立体效果的，它不需要投影布就可以直接把影像投射在一定距离的空间中。大家都各自凭借自己对对方的想法和看法，投射出对方的影像。张三的投影仪投射出李四和王五的立体影像（这其实是张三眼中所认为的李四和王五），同理，李四的投影仪投射出他心目中张三和王五的影像，王五和他们两个一样也在根据自己的看法投射出对面两个人的影像。实际上，作为旁观者的你将发现，他们各自投射出来的对方和对方真实的自己几乎是完全不同的。房间内本来只有三个人，但透过投影仪的投射，一下子变成了九个人在说话，你说他们沟通起来不混乱才怪，而这往往正是我们平时人际关系中的一种沟通状态。

如果人们就某个事件投射出的东西具有一定的共同性，那么，他们的会议就有可能达成一致意见，因为他们的频率是一致的。如果他们陷入争吵和争执中，你会了解到，那是因为每个人所投射的内容不一致，没有调准彼此的频道而发生的偏差。人们投射出的内容不一样，因而他们看到的东西也各不相同。只有当我们在内心看到和相信某些事情，我们才会在外部世界选择自己要看到的东西。事实上，我们只会看见自己所相信的东西，这就是"投射原理"。只有在思维完全停止的那个片刻，你对世界的观察，才是纯粹而不带评断的真正的看，否则，就还是在投射。

如果你能了解到人们的投射创造了他们对你的看法，并能觉知到自己也在别人身上投射自己的信念，在与人们沟通交流时能随时觉知到这一点，你就是沟通的高手了。

认同的游戏

认同是我执生存的一种基本结构，是我们在外在事物中寻求的自我感觉。

"我"认为"那就是我"或者"和我一样"。认同最基本的形式是由"我的"所延伸出来的，对所有权的定义：我的身体、我的思想、我的家人、我的工作、我的身份、我的衣服、我的房子和我的车子，这些写上我的名字的东西就是属于"我的"东西。这样，"我"就获得了安全感和满足感。当我们固执地认为，那就是"我"和"我的"时，我们会执着地认为追求这些东西会带来快乐，其结果是我们跑在了快乐的前面，快乐在身后提醒我们要放慢脚步，可我们依然一味地催促自己快点快点，最后发现自己追逐到的只是短暂的快活而不是真正的快乐。

从以上这些我执的游戏中，我们可以看出，当我们选择相信恐惧，而非相信爱时，我们才会在人间上演一出假我与真我争斗的戏剧性事件。这种争斗就像是一只小狗在不断地向侧后跳跃，试图去咬住自己的尾巴，又好像一个人在试图逃避自己的影子，不论他逃到哪里，影子却始终跟随着他。

当头脑制造出了"我执"这样一个假我，而我们自己却完全没有觉知到时，是我们自己制造了我执的怪兽，因此而陷入了无休止的痛苦情绪之中。

> 天哪！我执有这么多的角色游戏，我该怎么做？

你可以选择更好玩的游戏

你正在玩的是一种什么游戏？当我们认出我执游戏的真实面目时，我们就能够有意识地创造双赢和多赢的游戏。

其实，还有比我执游戏更好玩的一种游戏，那就是学习如何更好地使用自己、爱自己，以及如何充分发挥个人生命潜能而进行的游戏。这是一个带领我们走出我执的迷宫，摆脱情绪的困境，充分享受生命乐趣的游戏。

在充分认知了我执的游戏之后，让我们移动脚步，到下一章去认知各种负面情绪后面的动机和心理需求，来解读那一直隐藏在你内在的情绪宝藏的密码。

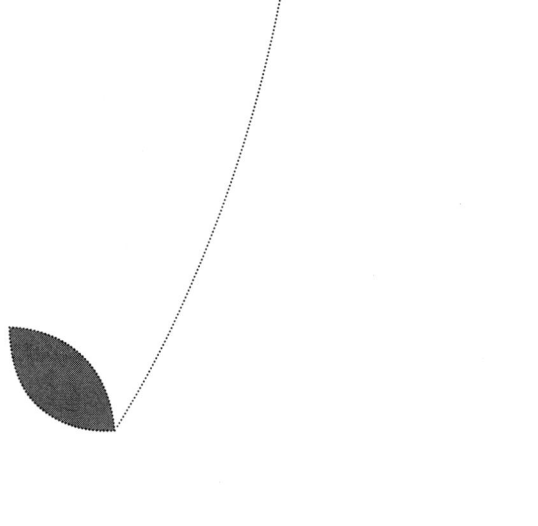

　　无数的事实已经证明,向外的寻找只是徒劳。在恐惧的地方,你不可能找到爱。按照过往的经验,你可能永远也到不了那个虚拟的目的地。只有转向内在的探索,擦亮你的慧眼,才能觉知生命的洞见。

第四章 解读负面情绪

人类前进的原始动力有两种：爱和恐惧。爱是所有正面情绪的源泉，爱是开放、接受、欢迎、邀请的能量。恐惧是所有负面情绪的来源，恐惧是收缩、关闭、抽离、分裂、逃避的能量。

　　爱是每一个正面情绪的根源，喜悦和快乐都是源于爱；恐惧是所有负面情绪的源头和基础，从恐惧延伸出来的情绪分支有：沮丧、愤怒、怨恨、怪罪等，这些情绪的衍生和复合结构就构成了种种复杂的情绪，有时，你会同时处于几种情绪的复合体之中，例如交织着焦虑、迷茫、怨恨、自责、无辜与无助的受害者情绪，或者是集合了愤怒、指责、批判的暴力情绪，掩饰并否认内心恐惧的盲目乐观的情绪等。

　　要知道，恐惧不是爱的对立面，恐惧是爱的遮挡物，是对爱的限制，爱才是你与生俱来的本来面目。爱是光，而恐惧是黑暗，当爱缺席时，恐惧就成了当家的小鬼，我们才会有受苦的情绪持续不断地产生。所以，当我们内心有真爱时，是无所畏惧的；如果有情绪，那就说明你需要光的照耀。

　　你最害怕的事情是什么？如果那件事情真的发生了，你是否能接受那个结果？今天，做个新的选择，去做你害怕的事情或者把你对恐惧的注意转换到那些让你开心的事情上，让我们从恐惧频道调整到喜悦频道。不要再去抗拒你的恐惧,那样做只会增加它的力量,单纯地认可并接受它,选择那些快乐的事情,直到让它变成你的新习惯。

> 随着年龄一天天的增长,工作一天天的进行,我感到越来越有压力,生活中充满了紧张的节奏,紧张和焦虑成了我的主旋律,这是为什么?

焦虑是在提醒我们需要确定自己真的要什么

在某个午夜梦回的时刻,我们也许会吃惊地发出这样的疑问:我是谁?曾经那个容易感动的我如今何在?

我们活着,但不再是我们自己,只是一堆红尘俗世的随葬品。

经济持续高涨的背景下,许多人激情不再。

越来越多的中国人,正在变成无梦、无痛、无趣的"橡皮人"。

梦破了,回到现实,所以无梦。伤痛太多,已经麻木,反而无痛。生活过得艰难,日复一日,简直到了索然无味的程度。

成功主义、阶层板结、价值偶像的缺失,共同制造了一个个的"橡皮人"。

国家愿景始终如一,社会共识已现分歧,个人希望载沉载浮。我们寄望于重新摆正社会的天平,使"橡皮人"找回梦想、痛感和生趣,成为情感饱满的新鲜人。

——雅虎论坛2010年8月主题之一
《是什么让我们丧失了梦想》

是的，当我们的觉知力和感受力变得麻木和混沌时，我们在心理上的病症就已经更加严重了。紧张和焦虑综合征导致我们成为"橡皮人"，而机械式的重复生活使得我们失去了生机与活力。

焦虑是一种混合型的情绪，它是消极的想象力所导致的注意力偏离当下的结果。

焦虑包含着犹豫不决、恐惧担心等复杂的情绪。当我们感到焦虑的时候，也正是我们被一堆莫名其妙的事情和烦恼所控制和左右的时候，"剪不断，理还乱"，焦虑就是这样一种无可奈何，又理不清头绪的状态。你被一股无形的外力推动着向前而不能自主，你很难去界定它是什么情绪，因为惶恐不安而导致你看不清事情的真相及其发展的方向。当你焦虑时，不要用头脑去分析焦虑是什么，只是去看看当下你真正要什么？

你了解你的人生真的要什么吗？这是一个需要不断理清的非常重要的问题。也许你在想要很多别人认为你应该要的东西，也许那些并不是你真的想要的，否则，你不会这么纠结和痛苦。如果你清楚自己的人生目标而又心生焦虑的话，那也许是你害怕自己达不到目标的心理在阻碍你。那么，没关系，问问自己："当下，我要什么？当下我能为自己的目标做点什么？"

尽量去做一些与你的目标有关的事情，每天朝着自己想要的目标移动一点点，日积月累就会产生惊人的成果。如此一来，渐渐的，你会因为自信而更加坚定地从焦虑中解脱出来。

紧张和压力是你在期望而不是在期待

紧张与压力往往是造成疾病的最主要原因。

压力来自于我们不断驱使自己去达成某个具体目标或者某个期望，非要达到某种程度才开心的预期值。在实现目标的过程中，我们的内心有时会滑过一个区域，那就是无助感，这也正是内心在呼求你停下来去做调整和休息的声音。但是，忙碌地处于追逐状态的你往往会忽略这个声音，继续驱使自己的身体去做那些你认为自己必须要做的事情。

这种无助感在我们的成长过程中慢慢形成。小时候，我们看到太多身边成人的恐惧心态和恐惧行为的表现，那些成人在他们做错事或犯错误时的自我惩罚和自我攻击、彼此责备、攻击和不断发生的争吵，都会深深地记录在我们的潜意识里，形成不可磨灭的印象，天长日久你就会认为这是真的。为了避免自己将来也受到同样的惩罚，落到同样的下场，你就会拼命驱使自己逃离某种境地，避免受到类似的惩罚，一直逃到自己认为的安全地带为止，然后再建立一个安全的城堡，以为这样就可以让自己高枕无忧了。直到有一天疾病来临，或者是当医生说你的身体状况已经很糟糕的时候，你才知道那句话的含义：前30年拼命赚钱，后30年用钱换命。

允许自己放松休息，接受和肯定目前的状况和成绩，找到你正在进行的事情中的乐趣，享受目标达成的每个过程，满怀信心地等待成果的来临。

> 我今年四十多岁了，前几年从国企买断工龄下岗，后来被一家股份制企业聘用，最近因为和上司的一次矛盾冲突，自己不得不辞职了。我没有过硬的文凭、与报

> 纸那些招聘广告中要求的学历、年龄标准相对照之后，感觉自己已经属于社会的二等残废了。孩子长大了，他的学费和生活费是一笔很大的开销，再加上其他的生活开支，家里的经济负担已经很重了。妻子也总是埋怨我一事无成，连我也觉得自己真是个彻底的失败者，这个世道太乱了，单位和家人都靠不住！没有人需要我，我很沮丧，也很无奈，我该怎么办？

沮丧是挫败感在作怪

长期的沮丧可以回溯到我们童年时期残留的创伤，这些创伤可能是失去生命中最重要的亲人、父母的离异、父母之间的权力斗争、自己生病或者家族生意失败等重大变故，这些事件使得我们幼小的心灵难以承受和痛苦不堪，因此，我们会创造另外一个自己，创造一些幻想来让自己好受一些。这种处理方式也导致我们日后在处理人际关系时的拖延、回避以及无助感。

沮丧意味着我们对过去某些事件的失落感、挫败感和绝望，我们自己的某些部分还停留在过去的那些事件中没有回过神来，对它们的执着使得我们的很多能量还不能完全复原。

当我们觉得沮丧的时候，事实上已经被自己打败了。"我是一个失败者"，这是一个来自内在的声音，这个声音你一直没有去认真地聆听，是谁在说话？是哪一个你在说话？一连串的失败感觉，会让你累积起沮丧的情绪，感觉沮丧是因为你觉得自己在之前的很多事情上都在受挫，事事都不如自己的心意，而你也早已经习惯把外在世界所发生的每一件事情都诠释或改变成你想要的样子，但是，你知道，那是永远也不可能的。

当你有沮丧的感觉出现时，就已经掉入了我执的陷阱。我执已经把"成功"和"失败"的对立关系植入你的信念之中，当你把自己所做的事情界定为失败而又拒绝接受它时，沮丧就会发生。

对沮丧的疗愈方式之一，就是去面对自己的痛苦，去感受你的痛苦，而不是一再地回避痛苦。当我们能够冒险地面对那些伤痛时，疗愈就在其中发生。另外一个疗愈的通道，就是接受自己在过往的那个事件中已经尽了最大的努力，接受自己没有办法拯救父母或者帮助亲人的事实，如此就能缓解或者转化我们的内疚感和自我谴责。

抱怨是对自己的直接攻击

指责和抱怨是我们对自己的隐形暴力。每当我们抱怨和指责时，就是在表示我们处在一个困境里，因为我们没有能力去改变现状，由于我们的抱怨，我们把自己变成了问题的一部分，我们内心里的对话是："现在确实存在着问题，我陷入了这个困境，而我对此无能为力。"

当你抱怨时，不管你抱怨的是天气、政府、环境、单位、上司，还是你的父母，你就是在对他人和自己进行攻击。这样做，是你小看了你自己。抱怨的推力使你拒绝了对问题的接纳，并产生抗拒，由此又创造出新的问题。

如果你之前喝的是自来水，再改为喝矿泉水时，你会感觉到矿泉水的纯正和纯净，当你内心的意识进化和净化到一定程度时，你会觉知到，抱怨所产生的消极情绪对内在以及外在环境的污染和伤害。

抱怨是因为我们没有得到自己想要的，并且别人也没有按照我们喜欢的方式或者想要的方式对待我们，于是，我们就会责怪他人，怪罪于他人。其实质是：我们被卡死在一个状况里，我们对某件事情无能为力，但里面还有一个驱逐令在驱使我们继续勉强行事。力不从心又不愿意承认和接受的时候，怪罪他人是最有效的转移方式。这时候，离我们最近的人就成了我们故事里的替罪羊和受害者，这些人可能是我们的父母、伴侣、孩子或者工作伙伴，或许他一点也不知道你在想什么。但你看到的他就是你所抱怨的样子。

我们无意识地在抱怨，并不知道真相是自己放弃了对事情的掌控力。

抱怨的源头要追溯到我们的出生。我们通常都认为，是父母生下了我们，是他们制造了我们。在这个制造和生产的过程中，在整个关系里，我们认为自己是被动的，被安排的，是没有选择权的。当我们在人生的成长过程中遇到重大挫折、困难，或是遇到障碍时，怪罪父母往往是最容易、也最直接的方式。我们内心常常会涌现出这样的对话："要不是你们生下了我，我自己才不想来走这一遭呢。人世间一点都不好玩，这不是我想要的。"怪罪父母，其实就是在谴责和攻击我们自己，因为，我们内在的父母永远都和自己在一起。你从来就没有与你内在的父母分离过。

要成为一个对自我生命完全负责的人，变成一个不再抱怨或者不再习惯性抱怨的人，变成一个拥有积极心态的人。首先，我们要去关注自己的每一个抱怨，接受我还有抱怨的事实，然后，去看到转化抱怨的源头乃是从生命的原点、从你的原生家庭出发重新看待问题。

如果你愿意看到，我们来到世间不仅仅是父母选择了我们、造就了我们，同时，我们自己也参与了合作，我们透过选择父母身上的某些重要特质来完成我们今生所要学习的功课。是你的灵魂选择了父母的灵魂，并邀请他们帮助你实现人生的第一个体验。

当我们愿意换一个角度来看待自己的出生时，你会发现抱怨突然之间减少了，消失了。以后，你可能还会有抱怨，但每当你觉醒到自己拥有生命的选择权和掌控权时，抱怨会越来越少，自然的喜乐度会越来越多，对自己的满意度也会越来越高，更多美好的事物会在你的生命中出现。

下面这句话对治愈抱怨有着神奇的功效，即"这是我自己选择的！我是有选择权的！我对自己的选择负责！"当你愿意看到是你自己选择了生命的旅程，并且通过自己的觉察赢回了生命的掌控权和自由度时，你就获得了重生的力量。

> 我对很多事情看不顺眼、疾恶如仇，又好打抱不平。当我对身边的人，特别是家人的某些行为忍无可忍时，我就会发怒，甚至暴怒到摔打东西。我也知道生气和愤怒对身体健康不利，但我每次还是会失去理智，容易冲动。这是为什么呢？

愤怒是一种控制方式

愤怒是我们生活中最常见,也是最难驾驭和控制的情绪之一。

愤怒是我们在用情绪要求他人按照我们的游戏规则来出牌,我们要求人们按照自己喜欢的方式对待我,满足我的需求,这样会让我们感觉既安全又舒服。否则,我就有充足的理由来发泄脾气。所以,也可以这样理解,当我们愤怒时,是因为感觉到不安全和不舒服,感觉自己受到某种威胁和侵犯。

你最习惯控制谁来满足你的需求?是父母还是伴侣?反之,你曾经因为害怕谁的愤怒而限制自己的言行?

愤怒是否定自己情绪的累积

去看看你的愤怒反应模式是如何被触发和启动的,什么人或者事情容易使你感到愤怒,你愤怒的时候最怕的是什么?你是如何在意念中不断喂食那些愤怒的细微念头,并使这头暗藏凶机的狼越长越大,直到最后被某一个人的语言或者行为碰触到你的伤口时,那个人就是启动你的愤怒模式按钮的人,你的愤怒之狼狂奔而出,冲向那个人。

我的一位学员就经历过一次负面情绪从累积到爆发的全过程,在他的回忆里,那个故事是:

有一次,我和太太从北京乘坐早上8:30的飞机回长沙,那天清晨五点钟,我们就开始起床、退房,因为要省钱,所以我们就选择地铁出行,换乘三趟地铁才到达机场,途中来不及吃早餐，还要拖着沉重的行李，在早班拥挤的地铁人群中奋力前行，最后终于在8点钟赶到机场，来到紧急办理柜台办理行李托运和登机手续，不料这个紧急办理柜台的人一点也不着急，排在我们前面的一位大婶办了近十分钟还没结束，这期间居然还陆续有几拨人准备插队到我们前面，此时的我们焦急、饥饿、困顿，气不打一处来，当最后一个插队进来的人出现时，我压抑已久的情绪终于爆发，一场愤怒的火拼不可避免地发生了。

你怪罪那个引发你情绪的人，是因为他导致了你的负面情绪。但冷静之后，你才发现，那个人的行为并不见得有多么的荒唐，只是你一直都在生气，都在喂食你的愤怒之狼，你一直在往你的负面情绪里存款，那些念头的起始是，你对身边所发生的事情的不满、评断和批判，这些不满和批判，折射出你对自己的某些隐藏特质的不接受，你对自己的攻击和批判以及对自己有条件的爱。

当消极情绪、负面能量冒出来那一刻，你不一定能迅速认出它，这需要通过反复的自我训练才能把你的敏感度和觉知力提升到能够迅速认出它又不再认同它的程度。

愤怒是在转嫁自责

愤怒往往是我们在否认自己对事情负有责任，并转而怪罪他人时升起的情绪。实际上，我们是在转嫁自己的自责，这是罪恶感在作怪。

转嫁愤怒有点像在转嫁经济危机。转嫁危机的国家都是因为矛盾重重，又无力解决，所以才尝试着向外转移视线和矛盾，我们的愤怒情绪也是如此。因为你无意识地在某些方面犯了错，又没有对自己的感受保持足够的诚实与坦白，不愿意承认是自己的过错造成了目前的困境，因此，一旦自己在某些方面犯错，我执就会寻找替罪羊，找一个人或者机构来怪罪。向外发泄是最快捷也最容易的途径，事实上，愤怒里常常包含着自责与怨恨。

你也许会擅长控制他人，并让他人按照你的意图行事，但真相是他们因为爱你或者在乎你才会配合你的戏码来表演，如果他们在和你的关系中没有赢，那你也不可能得到自己真正想要的东西。而那些不愿意被你控制的人，早就逃到离你更远的地方去了。

当愤怒的情绪苗头出现，对自己说："我已经做得很好了，我对自己很满意，我接受我自己。"

试试在不控制、不怪罪、不操纵的前提下，允许事情按照它本来的样子自然发生，也许大家都会自然得到自己想要的，这就是没有控制没有逼迫的双赢之道。

> 从小，父母对待我的方式就是不断地批评我，很少表扬我。所以，很次考试完后我都是报喜不报忧。我总在争取最佳的表现，认为自己这样做就可以让父母满意，同时让我在人群中找到优越感。但其实，我内心挺自卑的，不敢让人们看到我的弱点。我真羡慕那些自由自在、想做什么就做什么的人，甚至有些嫉妒，怎么就没人管管他们呢！

骄傲和自卑都是觉得自己不够好

自卑来自较低的自我价值，甚至觉得自己没有价值；而骄傲在表面上看起来有较高的自我价值，其实它隐藏着极深的自卑，只是利用了优越感来保护自己。它们的源头都是一样的，都是觉得自己不够好。

觉得自己不够好，是我们从小在有条件的爱的环境中长大的结果，我们总是希望自己能在下一个阶段或者下一个时间点能达到某种境界，这样才会对自己满意，这样就为自己设定了有条件的快乐，更变成了对自己的限制，而一旦你的自我表现与自我期望发生了偏差，自责就会随之而来，你会变得越来越沮丧，从而生出骄傲和自卑的两极情绪。

无论是骄傲还是自卑的心理状态，只是在提醒我们对自己还缺乏足够的认识与理解，我们可能并不相信自己具有天赋与才华，不能完全接受和认可自己，或是高估和纵容自己，这些都将使我们不能如实地看待自己，正确地认识自我价值，并活出真实的自己。

羡慕和嫉妒都是你忘记了为自己付出

羡慕是你认为别人拥有你想要但没有的东西。你羡慕别人的伴侣、漂亮房子、豪华气派的车子、成功的事业，等等。事实上，我们羡慕的不仅仅是别人拥有我们想要的东西，而是对拥有某种东西所带来的兴奋感和满足感着迷，也就是我们渴望那种东西带来的体验及其附加价值。比如，很多人羡慕拥有宝马和奔驰的人，我们认为拥有这些东西就是实力和身份地位的象征，所以，很多人想要的是那样东西由此带来的附加价值，也就是人们羡慕的眼光、认可和赞同。

羡慕让我们看到他人的价值和意义，却忽视了自身的价值和意义。嫉妒是从羡慕升级而来的一种占有性情绪，一种强烈渴望拥有或者得到某些东西的情绪。占有欲是嫉妒最为明显的一个特征。当某种东西只属于"我"一个人的时候，"我的女人"、"我的金钱"、"我的房子"、"我的车子"等关于我的一切，都会让那个"我"有满足感和安全感。我执认为，只有当那些东西完全只属于我一个人时，我才会快乐。

以上两种情绪都折射出，我们以为别人拥有我们所欠缺的东西，而只有在得到那些东西时，我们才有资格快乐。因此，我们的快乐就变得很有条件也很苛刻了。在这样一种心情下，快乐成了一种奢侈品。

如果你愿意重视你的快乐度，你会发现，我们的快乐建立在一个标准化的概念上，也就是以一个社会普遍认可的标准来界定我们的快乐。过去，我们快乐是因为达到了那个标准，而这样的标准并不完全出自我们的真实声音，这对我们显然是不公平的。

我们渴望拥有的或者渴望别人给我们的，也正是我们平时没有给予自己的。当你有了羡慕和嫉妒的情绪时，去看看你在哪些地方亏欠了自己？尝试着取悦你自己，为自己付出。当你这样做时，就会感觉到一种纯粹的快乐，你是做得到的。

> 我母亲总是活在对未来的担心和恐惧里,害怕没有足够的钱来维持生活。但是,她一方面生活得很节俭,另一方面,却又热衷于各种形式的投机生意,只想快点赚钱和一夜暴富,结果她得到的是不断地亏损和更大的恐惧,这是为什么?

吝啬与贪婪是一对双胞胎

有一个人贫困潦倒,家徒四壁,家中只有一张草席,他每天晚上就在草席上睡觉。这个人还很吝啬,而且死也改不了这个毛病。他每天向佛祖祈祷:"佛祖啊,让我发财吧,只要我有钱了,我绝对不会像现在这样吝啬。"

佛祖看他可怜,就给了他一个口袋,说:这个袋子里有一块金币,当你把它拿出来以后,里面又会有一个金币,但如果你想要拿这些金币去用的话,必须把这个钱袋扔掉才行。

那个穷人开始不断地往外拿金币,整整一个晚上都没有合眼,地上到处都是金币。这一辈子就是什么也不做,这些钱也已经足够他花的了。

可是他在心里对自己说:"我现在还不能把袋子扔了,我要拿出更多的金币,等到那个时候再扔也不迟嘛!"于是他就不吃不喝地一直往外拿金币,很快整个房间都装满了金币。

到最后,金币已经将他的整个身子都埋了起来,他已经没办法再抬起手从口袋里拿钱了,呼吸也开始困难,但他还是不舍得把袋子扔掉,最后终于死在了钱堆里。

第四章
解读负面情绪

成语"欲壑难填"是形容人的欲望像深谷一样深不见底,很难满足。也指一个人贪心太重,永远没有办法满足。

这些难以满足的欲望的源头就是我执制造的匮乏感,我执要求一种永无止境的安全感和满足感。吝啬和贪婪都是内心匮乏和想要弥补不足的外在表现。

吝啬是你觉得自己没有和不够,贪婪是你觉得自己从未被满足过,所以你想拥有更多,以备不时之需,所有注意力都在"备战备荒"上,为应付有可能发生的危机而时刻准备着。

吝啬是一种向内的收缩和紧缩,是关闭心门与保持防卫状态的动作。当物质或精神上的需求从未感到充足时,你就不会相信生命自有真爱和富足。实际上,任何物质上的吝啬都源于精神上的匮乏。

你不相信有人可以无条件地爱你,当然你也无法无条件地爱你自己。所以,安全感和真爱的匮乏使我们无法给出自己。

贪婪的源头也是空虚和匮乏,当我们拥有的超越了自己在生活中所需要的部分,但我们还在不断想要拥有更多时,就是处于贪婪之中了。贪婪的行为模式也许是通过掠夺、侵吞、占有、拥有金钱或其他物质的方式使得自己更有安全感,而我们并不在意是否真的使这些东西发挥了它应有的作用。

我太太的一位朋友在一次搬家之后,和我们讲,她原来认为自己的生活中有很多东西需要补充,通过这次搬家才发现自己是多么富有。她发现,家里虽然只有三口人却拥有将近二十床大大小小的被子,十大包的衣物,还有两柜子被遗忘的各种干货、食品和调料,一抽屉的各式餐具。而之前,她总是不舍得穿新衣服，不舍得用新的日用品，不愿意开启储存的食品，并且常常从外面收集那些很便宜或免费的商品和赠品回来，储存再储存，还老是觉得不够多。

贪婪和吝啬的疗愈之道，就是学会付出给自己，学习把注意力全然地给自己、爱自己，常常发现自己已经拥有的，肯定自己的成绩和存在的价值。当我们不再试图通过拥有金钱和物质来证明自己的价值时，当我们了解到自己当下的生命本体就是无价之宝，当我们对自己的生命有了足够的尊重和允许时，我们就会渐渐远离那些吝啬和贪婪的念头乃至停止类似的占有行为，丰富之门便由此开启。

> 父亲在我很小的时候就与母亲离婚了，母亲固执地认为，是父亲抛弃和辜负了我们，从此，我们就孤儿寡母地相依为命，我是母亲生存的唯一希望。现在，虽然我已经成家，并且过上了自己的婚姻生活。但是，母亲仍然认为，我是她唯一的私人财产，我的生活仍然应该跟她是一体的。因此，她也很排斥我的先生，这使我常常左右为难，觉得自己不是一个好女儿，不能报答母亲，只要提到母亲就会有深深地内疚和自责，我很难受，很痛苦！

自责是最大的自我惩罚

自责是我们在犯错时，对自己进行的习惯性惩罚。如果我们有一个"我必须很完美才能被接受"的信念,就会导致我们变成一个很容易自责的人。

这种自我惩罚是小时候我们从大人那里学习来的一种能力。当我们看到某人在群体中做错事情被惩罚、父母在犯错时的自我惩罚、父母对我们的惩罚,这些情境都会被自动记录下来,成为我们记忆中的铭印。

当我们长大之后,一旦进入当年类似的场景,一旦我们觉得自己犯了错,罪恶感就会冒上来,让我们付出代价,把我们拉回到"万恶的旧社会"。我们在心理上也认为如果惩罚了自己会好受些,其实不然,内疚－自责－惩罚的反应模式只会不断制造各种恶性的循环和糟糕的事件。自责是一种不断降低自身能量的行为,它会使你产生不配得的感觉,从而使你远离自己想要的生活。

就像我们小时候的体验,如果你曾经有过一次被火烫到或者被水呛到的经验,我们就学会下次不再那么做了。自责也就意味着在爱自己这个部分,我们还没有完全学会,它提醒我们把注意力放在这里。自责往往是一个情绪的温度计,让我们知道自己在某件事情上犯了错误,这时你可以选择承认和接受这个错误,同时学习将错误诠释成我们学习成长的一个部分,你的智慧将从这里升起。下次当你觉察到自己犯了一个错误时,你可以选择经由穿越你的自责来疗愈自己,把心门敞开,让爱流进来。如此做,我们就打开了一条爱自己的新通道。

内疚感至少控制了两个人

内疚感就像一副手铐，手铐的两端是关系中的两个人，每个人都被手铐铐住了一只手。内疚感的负面能量，来自个体意识和集体意识中的痛苦记忆，它会像水一样在人群中流动，像空气一样在人们的呼吸间蔓延。

内疚感又像一个在人群中被抛来抛去的不明物体，你还没有来得及看清楚，就已经习惯性地接住了它。当你觉得它像个烫手的山芋时，又会尽快把它扔出去。

每个人都有可能是接收内疚感的人，也有可能是抛出内疚感的人，如果你知道这个游戏的一条规则是：内疚感将导致人们看低自己或是高估自己，看低自己就会产生自卑和自责，高估自己就会制造出优越感和骄傲。每个人的仓库里都有着或多或少的内疚感存货，同时他们随时准备生产新的内疚感。我们自己也一样，常常在玩抛出内疚感以获得更多优越感的游戏，或是接收内疚感而落入自责、自怜的游戏。

内疚感是一种深度的无价值感和无用感，觉得"自己不够好"，尤其是在面对社会关于成功人士的标准时，我们会突然觉得自己矮了一大截，我们会觉得自己是不重要的人，因而忽视了自己。当我们觉得人生没有确切的保障、没有被照顾，并且缺少关爱时，我们就会生出被排挤和被孤立于整个社会之外的感觉，觉得自己是一个弱者，被政府所遗弃，被制度和社会所遗弃。被遗弃和不被需要的感觉就会导致自我防卫与向外攻击的行为，嫉妒、愤怒和报复的心理也油然而生。

觉察到自己是在抛出内疚感和接受他人的内疚感，是需要经过很多次的练习才能做到的。当你觉察到自己有内疚感的时候，对自己说："我喜欢我自己"、"我对自己很满意"、"我已经做得很好了"。那个觉得自己不够好的声音就会逐渐远离你，并且慢慢消失不见。

> 我从小是被外婆带大的，外婆是我生命中最亲的人。当我上小学时才回到父母的身边，这时家里已经有一个弟弟，我觉得自己是一个多余的人，哪里都不是我的家。长大之后，我不太喜欢与人相处，我觉得世界根本不需要我，我也无法讨人欢心。

自怜——父母双全的孤儿

自怜，实际上是自我遗弃的一种表现形式。人群中，在某个社交场合，你也许会注意到有些人不爱搭理人，他们坐在一个角落里，仿佛魂儿都不在似的，那种魂不守舍但又顾影自怜的样子，就是自怜的潜意识心智模式在起作用。

在人们的成长过程中，父母在实际生活或精神世界中的缺席，最容易使孩子产生被遗弃感，进而发展出自怜和自恋的情绪模式。

无论我们的父母在世或不在世，与我们生活在一起或者不在一起，我们的生命都是经由父母而来，我们也都在心中保有内在父母的形象和能量，那些父母过世或没有与父母生活在一起的孩子比较容易感觉到："我是被遗弃的"；"我是不好的"；"父母不重视我，我没有任何价值可言"。

即使是父母双全，而且从小就和父母生活在一起的孩子与父母之间也往往由于缺少语言沟通和身体亲近，甚至还常常遭到父母间的权力斗争或他们的负面情绪对我们的伤害。这些因素都会导致我们幼小的心灵饱受摧残，并且在潜意识层面播种下诸如"我是多余的"、"我是父母的累赘"、"我是不重要的"之类的信念，从而由向往与父母亲近和亲密，渐而转变为疏离和陌生，这样的信念就被植入了我们的潜意识之中。长大后，在性格特征上，害怕被拒绝的心态特别明显，甚至在别人拒绝自己之前，我们就已经在头脑里把自己拒绝了。

一旦我们在心中与父母疏离和隔离起来，我们在身体和情绪上的能量也会变得孤立和敏感。而当我们与人们交往时，会自动散发出向内收缩的能量或者为了防卫而向外攻击的激进能量，这就是自怜情绪在与人沟通时的最大障碍之一。

了解每一个生命都是伟大的创造，你的出生已经表明了你的价值，我们正是通过生命中的种种经历来学习和实现自己的价值，假如你有一个看起来孤独和被忽视的童年，那么去看一看，那些经历给你的成长带来了什么礼物？它使你获得了怎样与众不同的天赋特质？

> 前夫跟我离婚之后，我失去了生活的方向，他是那样无情地践踏了我的感情，也否定了我，我哪还有心思生活？离婚后的两年中，我炒股赔掉了所有的积蓄，身体也出现了严重的问题。当我不得不向前夫求助时，他却说我是在报复他，这是真的吗？

报复是很多人生命的主旋律

在所有的负面情绪中,最具有影响力和隐藏得最深的潜意识之一就是我们的报复心理。如果,我们能够认识到报复对我们快乐的限制,看到报复后面真正的心理动机,我们就有可能改变自己当初所作出的报复的选择和决定,那么也就放下了作为一个受害者的主要行为模式。

我们从小受到的教育就是,"君子报仇,十年不晚"、"善有善报,恶有恶报,不是不报,时候未到。"很多电视、电影的主要内容也是复仇,在这些作品中,主人公常常用一辈子的时间和精力去寻找仇人并报仇雪恨。

从孩童时代开始,当我们得不到自己想要的东西,感觉自己的需求被拒绝时,就会选择发脾气、惩罚或者伤害自己来报复。"我要穿新衣服"、"我要新玩具"、"我不要做这个"、"我就要那个"、"爸爸妈妈,我要让你们后悔,我要离开你们,我要让你们伤心"——这些都是常挂在我们嘴边或存在于我们心里的话。

当我们进入恋爱阶段,有时也会选择报复作为索取对方的爱的工具。当关系中出现冲突而分手时,我们就会用心碎模式来报复——"我会生病,可能还会死掉,我要让你知道我对你是多么的重要,我要让你后悔,你肯定会后悔的";当我们觉得自己被抛弃时,就会说:"那个负心的男人/女人抛弃了我,我一定要让他/她付出惨重的代价";当我们受到伤害时会说:"你伤害了我,我要诅咒你,我要让你死得很难看。你等着,总有一天,我一定要报仇。"

报复是我们从小就在学习和使用的一种情绪勒索模式。小时候，我们选择逃学、生病、意外受伤来报复父母。我们用不吃饭、不睡觉或者耍赖的方式来向父母索要新的玩具或者我们喜欢的新衣服。长大以后的心智瘫痪、一事无成、彻底的失败，以及在很多方面的不成功，实际上都是我们在通过惩罚自己来报复某一个人。

我有一位年近五十岁的学员，失业，离婚，儿子从小寄养在他父母家，并从高中开始不得不由爷爷奶奶承担儿子的学费以及生活费，这使他既沮丧内疚，又变得暴躁易怒。在参加完一次情绪管理工作坊之后，他跟大家分享道：原来这么多年来，我制造了这么多的麻烦事件，都是为了报复我的父母，因为当年他们曾经那样痛打我，骂我没出息，于是我就让自己变得一塌糊涂来让他们受罪。我承认我在报复，但我现在决定停止这个报复，因为我要过我自己的生活，我要对我自己的生命负责，我不能让别人毁了我！

现在，选择一个安静的环境，静坐下来，仔细地思考一下，让你心中积蓄已久的那些受害情绪，比如：失落和失望、从记忆中浮现出来的患病的经历和意外伤害事件。每当你在情绪中受苦的时候，问问自己："我是想要报复谁？我伤害自己，是想得到谁的爱？"

要知道，没有人爱你胜过你爱你自己，也没有人能对你的生命负责，除了你自己。报复和自我惩罚只会白白地消耗自己的生命能量，我们想要向其呼求帮助的贵人只会离我们越来越远，而我们自己却一直在原地打转。

实际上,报复是我执在利用别人作为借口来阻碍我们活出内心真实的自己。

现在,重新审视在过往事件中我们自己的责任和选择,放下因为害怕失去而产生的恐惧,让爱进来,允许和接受自己当下的状况,勇敢地迈出下一步,你将获得更大的自由和成功!

> 十年前,我创办了自己的公司,苦心经营下来,获得了现在这个不小的成就,事业正如日中天,但我自己却越来越不快乐,甚至提不起做事的精神,觉得一切都毫无意义,人也变得很无趣,常常有软弱无力的感觉,整个人像瘫痪了一样,我该怎么办?

心智瘫痪是最佳的疗愈时机

心智瘫痪是我们内心里那些无助感和无力感的集合,我们感觉自己身陷沼泽而一筹莫展、一败涂地,感觉无力改变自己的处境。

这是我们从小学习来的一种自我攻击方式,它是由破坏性的批评和有条件的爱而延伸累积出来的。为了让父母满意,我们的注意力都停留在如何取悦和对付父母上。父母给予我们的限制性信念是:"你不能"、"你不行"、"不要碰"、"小孩子走开"、"小孩子不要管",等等。这使我们学习到"我不能"、"我不行"的限制,而在之后的人生中形成了一种对失败的恐惧感。父母对我们的控制性信念是："你最好这样做，否则就怎么样"、"如果你不乖的话，就要倒霉了"。这些有条件的爱，使我们因为害怕被拒绝而产生恐惧，使我们做事永远在尝试着取悦别人，在乎别人的认可，而否定了自己。

为了强化这些虚假的自我认同，我们把那个假我当成了自己，因此，我们一直活在许多的角色和规则之中。同时有许多的牺牲和补偿的行为，这些牺牲和补偿是以努力工作、无休止的忙碌、鞠躬尽瘁、精疲力竭、强颜欢笑来在人前表现的，多年的角色扮演会导致我们身心疲惫，当我们独自一人时，我们的真实情况却是一言难尽又瘫软无力的。在内心里，我们其实一点也不愿意见人，感觉极度的无聊，生活了无生趣，身体和心智在分离，头脑里同时有几个声音在说话，外在的表现是工作效率低下，没有真正的快乐，脸上写满了虚伪和拒绝，工作和生活也因此变成了一场可怕的苦役。

事实上，心智瘫痪往往是最佳的自我疗愈时机，当我们顺风顺水的时候，是很难有机会瞥见自己潜意识深处的受伤害模式的，水下的礁石也只有在退潮的时刻才有可能被看见。当我们感觉到缺乏力量、缺乏爱、一切都糟糕透了的时候，勇敢地面对和承认这种感觉，就开始了疗愈的第一步。心智瘫痪意味着真我在提醒你，是该做真实的自己的时候了，是改变的时候了。

无聊是在提醒你全然地接受自己，给出自己

无聊是一种因生活缺乏意义而带来的无价值感，当我们身陷无聊时，无形中已经认定自己是一个没有用的人，我们认为没有用的人是不值得被爱的。

　　我们从小就被教育要成为一个有用的人，成为重要的人，因而我们把所有的时间和精力都投资在证明我们是有价值的活动上，而忽视了对我们真正重要的事情。我们在等待生命中那些重要的人或者权威的认可，这是让我们快乐的甜点和兴奋剂。因此，我们变得很忙碌，忙碌往往是用来补偿我们的无价值感，我们以为这样做，可以让我们觉得自己很重要、很有价值。一旦停下来，没有人关注我们时，在忙碌中隐藏的那些伴随无价值感而来的挫败感、沮丧、对死亡的恐惧也都渐渐地浮现出来。这时，我们就会陷入一种极端无聊的情绪状态。

　　无聊意味着我们需要重塑自己的价值系统。今天起，花点时间来看看什么对你有价值？做什么事情可以让你兴奋？对你最有吸引力的目标是什么？你什么时候可以保持恒久的喜悦？回忆一下，在过往的经历中，能够带给你自然喜悦的事情是什么？

　　在自然环境中，让自己一个人独处，平静地聆听自己的心声，和内在的自己交流。这会让我们感觉到自己内心的宁静和喜乐。

　　"我现在感觉无聊，我接受自己的无聊。"

　　"就算是无聊，我也依然爱我自己。"

　　你的价值和重要性，不是由他人来决定的，而是由你自己说了算。只有在你看不清自己或者低估你自己时，才会郁闷和无聊，当你完全地与自己拥抱在一起时，你是没有恐惧的，你赢回了自己的内在力量。那就是相信的力量，你从来没有失去什么，也不需要做什么来证明你自己，你拥有与生俱来的俱足智慧。

当我们开始习惯和自己待在一起，独自享受一个人的时光时，我们对自己的爱是无条件的，我们无条件地接纳自己。我们的每一个行动都是完整和宁静的，这是来自我们内在的觉知。因为我们对自己的信任和对世界的敞开，我们开始对整个世界持续地说："是的"，开始对他人持续地说："是的"，我们开始拥有更多的灵感和更大的动力来贡献给这个世界。

我们相信，当下的一切都是没问题的，一切都恰到好处。

因为，上帝的美意正是如此。

第五章 情绪即是能量

茶、牛奶、酒、可乐、咖啡、菜汤这些东西，虽然它们之间看似没有关联，但其实它们都拥有一个共同的特性，它们的本质都是水。如同所有液体在本质上都是水一样，不论是负面情绪还是正面情绪，所有情绪的本质都是能量。

在纯净的生命能量之流里，我们注入不同的情绪因子就成了各种情绪化的能量，而这些情绪化能量就使得原本清明纯净的生命能量变得混浊而黏稠。我们认知与转化情绪的根本目的，就是要还原生命能量的本来面目，回归纯净的能量状态，这是我们生命的自然本质。

水知道答案

日本科学家江本胜博士写的《水知道答案》，描写了他通过拍摄水在零下5度所形成的水结晶照片而得到的惊人发现。他发现，在对水播放音乐之后产生了一个奇妙的现象，书中这样描写到：听了贝多芬的《田园交响曲》的水结晶照片美丽工整，而听了莫扎特的《第40号交响曲》的水结晶则展现出一种庄严华丽的美。另外，研究员在装水的瓶壁上贴上不同的字或照片让水"看见"，结果看到"谢谢"的水结晶非常清晰地呈现出美丽的六角形；看到"混蛋"的水结晶破碎而零散。由此得出的结论是，水本身就是一种能量，你给予它什么暗示，它就会显示什么结果给你看。

"波动理论告诉我们，世间万物都处在波动的状态中，并各自拥有一定的波长和固定的频率。不仅人们周围的物体呈波动状态，就连各种文字、声音、图像，以及我们的心理变化和情感活动也呈现为一种波动状态。水结晶照片告诉我们，水就是带有一定频率的能量，而构成人体的60%～70%是水。"因此，我们给自己什么样的心理暗示，我们就获得什么样的能量波频。

你有否观察过那些武术家，他们拥有和我们一样的身体结构，但为什么他们能在瞬间拥有如此巨大的爆发力和速度呢？他们对自己数十年如一日的训练，使他们能把注意力高度集中在一点上。足够的专注与充足的能量，在凝聚的瞬间就能产生惊人的爆发力和影响力。同样身为人类，你也具备这样的潜在能力，并且有可能使它完全发挥出来，创造出生命的奇迹。

为了便于理解，我们通常会把生命体分为身、心、灵三个层次，身是代表身体和物质层面、心代表心理和智力层面、灵则是代表心灵和灵性层面。如果我们将身体称为物质体，将心理所产生的各种负面和正面的情绪称为情绪体，那么，隐藏在这两者之后的就是具有智慧和俱足能量的灵性体。

我们往往将大部分的能量消耗在物质体和情绪体，心理层面纷繁复杂的情绪消耗了大部分精力，使得人们在应付各种情绪的伤害和彼此的受害中，疲于奔命而狼狈不堪。以至于无法窥见灵性体的智慧光芒，更不用说运用心灵的超凡能力来创造生命奇迹了。

情绪直接连接着身体和心灵，各种负面情绪恰恰是一个隐藏着丰富宝藏的矿场，当我们的本来面目，那纯净的能量被那些负面情绪的乌云所遮盖时，我们就无法分辨自我生命的意义究竟是什么。是时候来检视一下，生命本来圆满俱足的力量究竟迷失在何方？

> 在过去的很多年里，我做了很多努力，但老是觉得力不从心，有那么多伤害我的人、那么多不如意的事，搅得我精疲力竭，您说每个人都拥有俱足的能量，那么，我的力量都到哪里去了呢？

是谁拿走了你的力量

你批判、憎恨、不喜欢的人或事，往往占用了你大部分的注意力，而注意力就是我们的能量，能量的所在就是你的人生投资和成果的所在。当你的力量都被分散使用在这些方面，也自然就创造了与之相对应的障碍。

有一个主人要出远门到外国去，临出门前，把银子交给三个仆人打理，一个给了五千，一个给了两千，一个给了一千。领五千的随即拿钱去做了买卖，额外赚了五千；领两千的也照样做，赚了两千；但那领一千的却去挖了个坑，把主人的银子埋藏了起来。

主人回来了，听了仆人们的汇报，决定给那领五千的和两千的仆人更多的事情管理，也给了更多的奖励，同时，把领一千的仆人的银子给了那个已经把五千变成一万的仆人。

"凡有的,还要加倍给他,叫他有余;没有的,连他所有的也要夺过来。"

——《圣经》马太福音

播种什么就收获什么,注意力在哪里能量就在哪里,凡是你肯定和接受的,会双倍地增加其力量,凡是你抗拒的,亦复如是。转化之道是放下你对不喜欢的事物的否定和反抗,转而去面对这些情绪,看看其内在的实质是什么,再往里面走一些,穿越它,你会赢得新层次的力量,那些纯净、清新的自然能量。

你恨的人拿走了你的力量

当我们恨某一个人时,就会把他当成敌人,也因此放下了此生最重要的任务——做真实的自己。而把主要精力放在仇恨和报复这个战场上,仇恨和报复的情绪就有可能成了我们生活中的情绪基调,因此,我们对这个世界充满不信任和不安全的感觉,时常处于恐惧和焦虑之中。

你最恨的人往往是离你最远的爱。如果你恨某一个人,你渴望从对方那里得到什么?也许你在呼求对方的爱和注意?当你得不到爱时,就用仇恨替代了爱的告白?你最恨的人是谁?他曾经如何伤害了你?你每天要花多少时间来回忆起那些伤痛?你也曾经这样伤害过自己吗?那个你恨的人,他是要提醒你哪些未知的潜能呢?如果可能的话,他是来帮助你学会哪些你还没有学会的功课呢?比如尊重、坦诚或是宽恕?

"怪罪他人"会拿走你的力量

怪罪他人是我们从大人那里学来的"早期功课"之一。

小时候，当我们不小心摔跤了，或者被某件家具碰痛了，大人最惯于使用的让我们停止哭泣的方式，就是大声谴责和敲打那些使我们跌倒的地板或者让我们疼痛的家具，由此，我们学会了一旦受到伤害就在第一时间怪罪他人。

慢慢的，虽然我们在生理上已经长成大人，但是幼年时期未被满足的各项需求仍然存在，我们会习惯性地怪罪他人，凡事找借口，并且迅速把借口合理化。同时，也合理地把自己从应该承担的责任中分离开来。逃避责任使我们失去力量，并且孤立地成为一个局外人。

因此，在我们的人际关系中，一旦遇到挫折和失败时，我们就开始兴师问罪，到处寻找替罪羊来怪罪。

在家庭中没有受到足够地重视，没有得到足够的关注和爱时。父母和伴侣就是你的替罪羊；

当你觉得无法应付和了解孩子，你怪罪孩子给你带来了麻烦，并且压制他/她的力量。这时，孩子就成了你的替罪羊；

你在社会中没有得到更多的权益时，就会抱怨政府。这时，政府是你的替罪羊；

当你生病住院，医生没有照顾好你的身体时，医生是你的替罪羊，但事实上应该对你的身体负责任的是你自己；

在单位，当老板和同事们没有满足我们的需求时，我们会怪罪老板和同事，他们成了我们的替罪羊。

事实上，当我们开始怪罪他人时，就等于将自己改变现状的力量放弃了，一味地等着别人或者某种外在的力量来拯救自己，这只会使我们的自我感觉越来越糟糕。

要求他人对我们负责

当一个人不能为自己的生命负起全责，全然地活现出自己生命的光彩时，你对他人的负责就只会是一种勉为其难的行为，里面会有很多的不情愿和不耐烦，也许还会有抱怨、牺牲和补偿，更有期望和随之而来的失望和索取，很难会有纯粹的付出，因为我们忘记了为自己付出，而他人也很难为你付出他们自己所没有的东西。

事实上，没有人爱你，胜过你爱你自己。也没有人能够伤害你，除了你自己。当我们不知道自己是谁时，我们很难对自己的生命负责，也没有办法去承担责任。当我们清楚地认识到，没有人要对我们的情绪负责时，我们开始学习去承担自己当下能够承担的那部分责任，这是很有力量的移动。

> 在人群中，我常常觉得很不自在，他们看起来都比我优秀，都过得比我好，但我并不喜欢他们，他们一样有许多糟糕的地方，周围的一切都不是我想要的，我努力想要改变一切，却好像越改越乱，到底发生了什么事？

比较是一个让人沮丧的陷阱

我们总是习惯拿自己和别人比较。除了偶尔因为看到自己的长处和别人的短处比较时所产生的优越感而暗自庆幸之外,我们往往会拿别人的长处和自己的短处比较,也因此遗忘了自己的宝贵天赋与价值。

无论是与自己比较还是与他人比较,都是让我们的自我价值低落,并且经常感到不舒服的原因。当你不假思索地把自己与他人,与社会的标准来比较的时候,就已经偏离了你的中心点。世界上没有两片相同的树叶,也没有完全相同的两片雪花。同理,也没有完全相同的两个人,参照物不同,你是无法把两个不同的事物作比较的。一旦开始比较,我们就不在自己的位置上了,痛苦和分离感随之而生,这些感觉让我们觉得自己不够好或者做错了什么,进而落入挫败、沮丧的陷阱,无法迈开新的步伐。

事实上,我们与他人之间不需要对比,我们需要的只是彼此间的映照与呼应,透过映照来了解自身尚未显现的潜能,同时将自己已有的能力和美好特质与世界呼应,创造更大的成就。

批判和评断是你在拒绝自己

对他人的批判和评断,往往是我执最大的投射之一。批判他人的最大好处是你赢回了自己所谓的面子和脆弱的自尊,其实质是骄傲和自卑心理在作怪,只要你觉得自己有比他人棋高一筹的地方,就是你在为我执制造繁殖的土壤,我执是容不下异己和独特性的,它总是在制造个人的特殊化和对周遭的控制,一旦出现失衡或者威胁,我执就会用评断和批判来防卫。因为在我执看来,失去控制就意味着自我的无价值和消亡,这是万万使不得的。

事实上,批判和评断往往会使我们失去学习的机会,甚至失去一个最棒的朋友，使得我们与生命中某些美好的礼物失之交臂，这一切，都是你在拒绝真实的自己。

对抗提高了事情的难度

当我们把注意力放在我们不想要的事物上，就会让它获得更多的能量与关注，也因此会强化它的影响力，或者会吸引到更多类似的糟糕事情发生。当我们说自己的生活有多悲惨时，我们就会在生活中创造更多的悲惨世界，让自己不断地在这个情境中承受煎熬。

特雷莎嬷嬷很有智慧，她说："我从来不参加反战游行，等有了和平的游行再来叫我吧。"她知道，如果你要反对战争，那就只能用"支持和平"来替代。如果你反对饥饿，那就要用"人人吃得饱"来替代。如果你反对不良消费习惯带来的环境污染，那么就支持洁净、节制、环保和绿色的生活方式吧。

我们要调整的信念是，把注意力专注在自己想要的事情上，而不要浪费在自己不想要的事情上。从不想要的事情中确认什么是我们想要的，是很有必要的，如此我们就有了参照物来做对比。渐渐的，你将习惯一开始就明确地知道什么是你真正要的，这也将使我们的生活变得更简单和更有效率。

> 老师，我的生命能量好像从来就不够用，因为，昨天的事情还没完成，今天和明天的问题又接踵而至了。我总有应付不尽的烦恼，这让我很头痛！

悔恨过去

对过去事件的悔恨,就像你正在看一部电影,不过这部电影不是按照正常的播放秩序放映,而是倒带式地往回播放,你看到的都是过去的影像,而不是现在的生活场景。

我们每个人的生活经历中都有过许多没有完成的事情和没有履行的承诺,这些未尽事宜就像我们城市里的烂尾楼工程。生命中的很多能量都被过去未尽的事宜所牵绊,而滞留在过去的时空里,就是这些停滞的能量阻碍我们真实地活在当下。

想象一下,如果将我们的生命经历比喻为一座城市,其中的每一件事情就是一座座大大小小的建筑物,那些完成了基建装修、已经交付使用的大楼就代表着已圆满完成的事项,而那些只是圈了地或者停工待建的工程则代表我们放弃或者半途而废的事项,那么,在你的城市里放眼望去,有多少完整的大厦,又有多少满目疮痍的烂尾楼呢?

清点一下过去的未尽事宜,无论是工作上的任务,还是人际关系中的情结,或是人生中的自我抉择,将它们一一的完成,你将发现,自己每完成一件就会赢回一份力量。

拒绝现在

很多人在生命中的受苦,就是拒绝接受目前的生命现状,极力地摒弃否认它。很多人在生命中扮演着鸵鸟的角色。

现在,是唯一活生生的时刻,是联结过去和未来的重要时刻,假如你对现在的境况——因昨天的言行所造成的结果——不满意，而今天你仍然以旧有的模式面对生命，明天就将出现同样的结果。看起来，你的生命总是被过去和未来充斥着，却错过了创造出过去和未来的唯一途径——现在。拒绝现在将使你远离自己的生命能量中心，使自己变得越来越虚弱枯竭，并跌入无意识地重复之中。

担忧未来

如果我问你，张飞和岳飞，他们两个人在一起比武，到底谁会获胜？你肯定会笑话我，他们不是一个时代的人，怎么会有比武的可能性呢？是呀，但是我们很多人在生活中就是这样做的，明明自己目前没有任何问题，身体健康、家庭和睦、工作顺利，为什么我们还会有那么多的烦恼呢？

那是因为，很多人的注意力已经不在当下，而是在对未来的担心里。人生中有很多的担忧，担心生病、担心没钱，担心老去，担心死亡，有的父母在孩子还只有几岁的时候，就已经开始担心孩子上大学的学费，儿子将来结婚要用的房子车子了。当我们开始担心时，就已经远离了当下，进入到思维所创造的另一个场景里。而那个场景不论在哪里，都不是在此时此地。当你把注意力投资在对未来的担忧时，就是在安排张飞和岳飞两人比武。你的精气神都不在此刻，也就是说，"你"不在这里，这里的一切帮不到你，而你对此刻的一切也无能为力。

放下过去的重负，停止对未来的幻想，专注于此刻，将所有的注意力放在当下、现在这一刻、现在正在进行的事、现在正在面对的人，你将获得俱足的能量和丰富的灵感！

> 我很在乎领导和长辈的评价,也总是要处处维护他们的权威,他们似乎已经在主导着我的言行和生活,使我变得越来越不能自主。但另一方面,对很多事情,我也并不是真的很赞同,那并不是我想要的。有什么办法让我冲破这样的限制吗?我怎样才能找回自己的力量?

迷失在权威情结里的力量

我们总是习惯在生活中找一个权威来替自己做主,当对这个权威不满或者抱怨的时候,又寄希望于出现另一个权威来改变现状,我们有太多的权威情结。

崇拜权威的人并不知道其实在权威心中也有恐惧,当我们有所寄托甚至迷信权威的时候,我们并没有把权威看作一个人,而是将他当作一个神,我们在神化他。崇拜权威或者太在乎权威对自己的看法,势必已经有所偏重,这样会夺走我们内心的力量,并让自己陷入深深的无力感。

我们很在乎权威对自己的评价,就类似于小朋友很在乎老师的教导。小朋友可以反对父母的话,但绝不会违背老师的话,因为不听老师的话就会被同学耻笑,老师的话甚至比圣旨还灵光,因为老师对这个阶段的孩子很有影响力。

当你很在乎权威对你的评价、对他人的评价时,你就是在为权威罩上一层光环——圣洁的光环,你爱权威胜过爱你自己,而真相是你不可能被别人爱胜过你爱你自己。当你爱别人胜过爱你自己，你就是在将一种无形的压力强加给对方，你期许别人给你自己达不到的东西，你需要对方对你的生活负责。你不允许别人说出伤害权威的话、不允许别人做出伤害权威的行为，甚至不能听到反对的意见，这样会让你很愤怒很生气，你们怎么可以这样对待我爱和我尊敬的人！怎么可以破坏原有的秩序！如此就构成了对权威的迷信。你真的关注过自己内在的真实感受吗？你要的跟权威能给的一样吗？

另外一种对待权威的方式是对抗和叛逆，这种方式同样会消耗你的力量。你的责怪和不满，是在发泄一种情绪，即"这不是我要的"、"这不是我的责任"。就像小孩子对父母不满的时候就会翘起嘴巴，满脸的不高兴，用沉默表明你无声的抗议，或者用逃跑来显示你的立场和个性，让父母注意你的存在，这是同样没有力量的表现。假如你看到不能令人满意的地方，并对此产生想法和质疑，那么，除了客观公正地提出建议和采取行动，你也有责任来改变这一切，但不是改变这一切来适应你，那样只会越改越乱。而是改变你对它的观感，并采取适当的行动让事情朝着正确的方向前进。

当你不再抱怨、不再指责，既不依赖权威也不忽视自己的力量，当你不再以愤怒和压抑的投射去反抗权威时，那股久违的力量就会回到你的体内。你内在的叛逆，就是对权威的客观质疑，那是最大的创造力。但这并不影响你对权威的爱与尊重，当你接受并臣服于自己内在的权威力量时，你将成为自己的权威，彰显出自我生命的神圣力量。

> 还有哪些方法能够帮助我赢回自己的力量，摆脱情绪的控制？

注意力训练赢回散失的能量

注意力就是能量。注意力就是我们的能量和力量所在，端看我们把注意力放在何处，是放在自己厌恶的、逃避的、批判的事情上，还是放在自己喜欢的、感兴趣的，或者渴望拥有的事情上。

生活中有太多的诱惑，让我们注意一下自己看电视时换台的速度和频率就知道了，只要一个电视画面在三分钟内没有吸引到你的注意力，你的大拇指就已经不自觉地要按动下一个频道了。好的电视节目制作者，非常了解人们的这个潜意识运作，所以广告的编排以及电视剧剧情的冲突都必须严格按照你的注意力转换时间和频度来调整，这样就能保证你不会转换到竞争对手的频道上去。

注意力需要透过专门的训练来进行，以使得我们能够将注意力持续聚焦在我们感兴趣和热爱的事情上。

找一个物体来好好观察它的色、形、味、触、意；闭上眼睛只观察自己的一呼一吸；将注意力集中在眉心静坐半小时；或者专心地做一顿饭，全然投入地做扫除，整理房间，等等。这些都是生活中随处可行的找回注意力的方法。

去看看你感兴趣的事情和不感兴趣的事情，甚至是你讨厌的事情，我们的力量都分别使用在这些地方，赢回力量的方式是不再纠缠于事情本身，时刻保持注意力在你的身体和呼吸上，保持在无条件接受自己和爱自己的状态，随时确认当下的你是最好的自己。随时向这个世界送出美好的祝福和爱的能量，你将持续获得并增加自己的力量——相信的力量、接受的力量、感恩的力量、宽恕的力量和创造的力量。

回归中庸之道

中国古老的智慧之书《中庸》教导我们"不偏之谓中，不易之谓庸"（不偏叫做中，不变叫做庸）。

喜怒哀乐的情感，在没有发动之前，叫做中；如果情感都合乎情理和节度地发出，叫做和。中，是天下事物的自然本性。和，是天下人人共行的道路。能够完全达到中和的地步，天地便可安居正为，万物便可顺遂生长了。

中庸之道告诉我们，要取得事物的中，必须先知道其两端，然后量度取其中，再加以运用，方能不失偏颇。

在经历了骄傲和自卑之后，我们方能领悟什么是谦逊；在经历了匮乏、贪婪和吝啬之后，我们才会知道丰富的真正内涵；在经过了鲁莽和懦弱之后，我们就能有笃定的勇气。在经历了很多的正面情绪和负面情绪之后，我们才能随时保持平衡的法则，拥有宁静、平安的心灵。

祝福那些身处困境的朋友，祝福那些获得成功的朋友！

祝福我们都能来到平衡喜悦的中庸之道。

第六章 隐藏的宝藏

在我带领的一个情绪管理工作坊中，一个学员向我提问说："人们常常批评我很情绪化，这使我觉得很沮丧。我为什么会这样呢？"我说："情绪化不是一个贬义词，它也不是一件坏事。春江水暖鸭先知，鸭子在人们还没有觉知到春天来临的时候，就已经先从水温的变化中感受到了春天的气息。情绪化是在提醒我们聆听自己隐藏的心理需求，它只是说明你比身边的人更敏感、更细腻，那么，你的情绪化后面隐藏着你未知的天赋，就是你细微的观察和觉知能力，去肯定和接纳自己的这个能力，这也是你可以贡献给家庭和社会的礼物。"同时，我指出，他是一个配合型的人才，适合做副手，听完这番话，这位学员的脸上露出了会心的一笑。

所以，如果有人评价你很容易情绪化时，不要激动，也不要忙着去辩解，接受你本来就是一个容易情绪化的人。这样的人对团队的贡献是过人的细心和细腻，总能注意到那些容易被很多人忽视掉的细节，关键时候他们细致的观察和清晰的判断甚至能够带领团队走出迷茫的困境。虽然，有时候情绪化所带来的追求完美的习惯会产生一些自我逼迫，但是，一旦接受了自己的这些特质，我们就会把那些阻碍我们的部分转变成前进的动力。

情绪是转化痛苦的路标

> 那么,情绪对我到底意味着什么?痛苦后面真的会有好处吗?

你与生俱来的情绪主旋律

每个人来到这个世界,都会选择自己情绪的基调,这个情绪的基调或者是积极乐观型的,或者是消极悲观型的。例如,我太太是属于积极乐观型的情绪基调,而我是典型的消极悲观型,我们在很多方面都有着很默契的配合,也认为对方是自己最好的搭档。事实上,每一种情绪能量都有其价值所在,你之所以选择这个情绪基调作为人生的主旋律,是要经由这些情绪来学习和成长,并以此丰富你的人生体验。

消极悲观的人和积极乐观的人代表着一个完整情绪体的两面,就像太极中的阴阳两极,保持着和谐与平衡。以积极乐观情绪为主导的人,他们有时会否认情绪的存在,容易相信新鲜的事物,他们中的有些人具有天生就相信爱的能力,并倾向于从全局的角度向外扩展性地看待问题和解决问题,善于制造也擅长创造,他们丝毫不吝啬自己对他人的欣赏和赞美之词,他们是天生的领导者人选;而消极悲观型的人,总是容易多愁善感,很容易情绪化也很敏感,他们对事情的第一反应是放纵自己的情绪,他们的优势是善于发现问题,超级的完美主义导致他们非常挑剔且

第六章
隐藏的宝藏

注重每一个细节，他们喜欢评断、批评和批判，总是能够从鸡蛋里挑出骨头。他们因为怀疑而不容易相信爱。因为天性严谨和保守，他们总是习惯向内收缩性地看待问题，他们在团队中是最棒的项目操作执行者和最佳副职人选。

苦到尽头就是甜

很多成功人士在人生和事业到达一定境界时，每当回忆起自己的成长道路，那些平稳顺利的时期往往不见得会留下什么深刻印象，倒是那些让他们痛苦的事件，那些苦难的岁月成了他们最甜美的回忆，昔日的痛苦造就了现在的成功，也酿出了喜悦的美酒。每每听到人们讲述这些痛苦的经历给他们带来的巨大精神财富，我们就会想起那句话："痛苦是上帝打包送给你的最好礼物"。在你觉得痛苦的地方，再冒险前进一些，当你穿越自己的痛苦时，你将品尝到常人难以体验到的甘甜，而负面情绪正是我们回归宁静的心灵家园最重要的通道之一。

痛苦不是来惩罚我们的

痛苦就像长在我们潜意识花园里的植物，你就是那个管理花园的园丁，花园里有你喜欢的鲜花，也有你不喜欢的毒草，从你一出生开始就在不停地种植这些植物。一般情况下，你只会注意那些鲜花，而不会留意那些毒草，只有当它在潜意识花园里长得足够大、足够吸引你的注意力时，你才会开始在意它。而当你给予它正确的关注和充满爱意的照料之后，那些你所认为的毒草也会神奇地转化为鲜花。

痛苦不是来惩罚我们，而只是提醒我们还有不够爱自己的地方，所有的人和事情都是来帮助我们学习和成就我们此生所选择的功课。

当我们内在的原始情绪成长为痛苦时，我们就会在表意识层面注意到它，同时，将注意力转移到这个情绪上来。通常，我们对待痛苦的方式都是逃避、忽视，或者干脆否认、假装没有看见。当我们发现该怪罪的人都已经怪罪完了，就连自己也已经被自己打倒过好多次了，但痛苦依然存在，而我们无计可施。你才有机会看到，痛苦是我们此生必须要认真面对和穿越的功课。

当你愿意看到这个事实，你就开始逐渐了解事实背后的真相了。而那个痛苦的情结也会因为你的关注而瓦解分散，最终就像太阳底下的干冰，自动融化，转而化作轻盈、鲜活的新层次的生命能量，带领你继续前进。

认出回家的路标

在高速公路开过车的人都有过这样的经验，如果一不小心错过了出口，往往要过了几十公里才能找到下一个出口，负面情绪正是我们回归心灵家园的重要指示路标。

那些反复出现的负面情绪是最直接的提醒路标，同时也意味着我们需要去发现那些隐藏在情绪背后的内在特质。

在一次关于"谁是最吝啬的人"的大奖赛中，最后的决赛只有三名选手入围。第一位和第二位上场的选手，在台上都以演讲的方式来表达自己是如何地节省和节俭，而轮到第三位选手出场时，只见他慢慢悠悠地走到麦克风前，做了一个深呼吸，闭上眼睛就待着不说话了。一分钟过去了，他没有反应，三分钟过去了，他还是没有任何表现，台下的观众不耐烦地开始喧哗起来，主持人过来问他，"你为什么还不开始比赛啊"，只听见这位选手从嗓子眼里挤出几个字，就凭着这几个字，所有评委当即决定他就是这次"吝啬比赛"的冠军了。他说的那几个字是："我的声音，为什么要让别人听见。"

吝啬意味着你在处事的很多方面或许非常精准，绝对不会有半点浪费和多余的动作；敏感的人往往具有细腻、细心的特质；而贪婪之内有可能隐藏着一个慷慨的你、一个具有海一样的包容性的你；匮乏感也许是在提醒你已经拥有的无尽丰富；经历过极度内疚感的人其实是在逃避自己高雅尊贵的内在特质；容易愤怒的人也是追求真理和坦诚的人；羞耻感或许是你在拒绝自己天生的圣洁；罪恶感昭示着你是那么的纯真和无邪；羡慕和嫉妒掩盖着你与生俱来的圆满和俱足；而曾经多次到达过骄傲和自卑两极的人，将有机会发展出柔软的平等心并洋溢出谦逊、谦和之美。

每一个情绪都是我们向内走的关键转折点，每一个情绪都是一份珍贵的礼物，当你认出它只是在提醒你转向内在的心灵宇宙时，你要做的就是，耸耸肩、笑一笑，对自己说声"对不起，我伤害了自己"，请求自己的原谅。接下来，重新做一个正确的选择，回到正确的道路上来，如此，你就获得了修正的机会，宁静和喜悦便会从中油然而生。

负面情绪的正面价值

找寻隐藏在负面情绪里面的礼物，其动作有点像翻扑克牌，对于黑色的负面能量牌面，就是那些消耗你注意力和精力的部分，使你的生命停滞和受苦的部分，把这些牌面反过来，转向白色的正面能量。每赢回一个部分，因受伤害和心碎事件而被阻碍的生命能量就会释放出一部分，你就鲜活一个部分，这个赢回能量的过程，就相当于把塑料花转变成鲜花的过程。

> 我该从哪些方面找寻负面情绪背后的礼物？负面情绪是如何转化为正面价值的呢？

黑衣天使

在我们的成长经验中，无论是电影还是童话小说，所描写的天使通常只有一种，那就是长着一对翅膀像仙女一样的天使，一尘不染而且完美得无可挑剔，这是我们所熟悉的天使。我们不了解的是，还有另一种天使，他们长得不怎么好看，甚至也不讨人喜欢，有时还很丑陋，他们的言行举止往往令人厌恶，这就是在我们的成长过程中扮演"黑衣天使"的那些人。你厌恶、害怕、痛恨的人就像是《白雪公主和七个小矮人》里的恶毒皇后，还有《西游记》里各式各样的妖精一样。我们知道，如果没有皇后的阴险、歹毒，也就无法衬托出白雪公主的冰清玉洁和善良无邪；

如果没有那些妖怪的兴风作浪，也就无法检验和磨炼出唐僧师徒四人一定要取得真经的信心和决心。

小灵魂的故事

天堂里有无数的灵魂，每一个灵魂都是一个光体，发出明亮快乐的光。

有一天，其中的一个小灵魂突然冒出一个念头，"我是谁？我在哪里？"这个念头使小灵魂的光芒瞬间暗淡，一种从未有过的感觉进入了小灵魂。像是闷闷不乐，这种感觉陌生而奇怪，于是小灵魂去找上帝，因为上帝无所不知。

小灵魂问上帝："我是谁？我在哪里？"

上帝回答她："你是小灵魂啊，你在天堂里啊。"

"天堂是哪里？"

"天堂就在这里啊。"

"那除了天堂之外还有别的地方吗？"

上帝犹豫了一下说："有啊，除了天堂之外还有人间。"

"人间？那是一个什么地方？"于是，上帝让小灵魂看到人间的样子。

"哇！人间好美哦！有各种各样的形体和颜色，每一个看起来都那么的不一样，不像在这里，一切看起来都是一样的，不分你我。"

上帝说："因为我们本来就是一样的啊，而且我们是恒久不灭的。"

"我不想跟其他人一样，我要让我的光更显眼一些，我要跟别人不一样！我要去人间看看！"

"你确定一定要去吗？"

"是的，我确定！我在天堂待得太久了，有些腻烦了，我要到一个新的地方去。"

"如果是这样的话，我亲爱的小灵魂，有一件事我必须告诉你：从你踏进人间的那一刻起，你将完全忘记你是谁，你从哪里来，以及你去人间的目的，这一切都将被封存。你也将再也回不了天堂，除非……"

"除非什么？"

"除非有一天，当你被人间的苦痛和伤害彻底淹没，才会记起你是谁，从哪里来。"

这时，有一位善良的小灵魂走过来，对小灵魂说："让我变成那些给你苦痛和伤害的人，这样就可以帮你记起天堂啦！"

"太好了！谢谢你！"

"可是，我亲爱的小灵魂，到时你可一定要记起我来哦！否则我也会因为忘了自己是谁而回不了家了。"

亲爱的朋友，你我就是那执意要来人间的小灵魂，而我们身边那些看起来伤害我们和带给我们无尽烦恼的人们，就是那位善良的小灵魂啊！还记得你和她的约定吗？还记得是你邀请她在你的生命中出演黑衣天使的吗？还记得她是为了帮助我们记起天堂而专程陪我们来到人间的吗？如果没有她的存在和提醒，我们永远也无法记起自己是谁，曾经从哪里来，当然也就回不了天堂。

从现在起，认出我们生命中的黑衣天使，感谢她、宽恕她。这样做，也是对她最好的回报。

负面情绪的反能力

放眼看去，这个世界上的大部分人都生活在以恐惧为基础的生活情境和故事里，那些黑衣天使在你的成长过程中一直扮演着重要的角色，让你有恨的力量，也许这些恨的力量是驱使你存在和长大的唯一理由，但是，那只是问题的一个方面。或者，你会认为，事情只有这一面，丝毫没有商量的余地。而事实是，当你拥有更多的生活经历和阅历，愿意以不同角度去看待同一件事物时，你会发现，那些曾经让你痛苦的人和事，有着更为积极地一面，是它们让你更有力量，更有智慧地去体验人生，你会以感恩的心态感谢过去的那些经历，因为，正是当初的那些痛苦经历才成就了现在的你。

一直到研修心理学和心灵成长的第七个年头，我才不得不承认和接受如下事实：

我是一个很容易情绪化的人，也是一个极端敏感的人；

我是一个不快乐、无聊甚至无趣的人；

在大部分时间里，我都活在恐惧和担忧里；

我不相信人间有真爱；

我不知道如何爱自己。

在这之前的很多年里，我的快乐都是伪装的，我其实一点都不开心，总是有很多的愤怒、怨恨和报复，无聊和无趣长时间地占据了我的内心世界。我基于本能所作出的种种选择，大多是出于恐惧而选择的防卫和自我保护的反应,而不是出于平安和喜悦。我不得不接受我的人生功课——我要学习如何爱自己。

20岁从学校毕业参加工作时,我还是一个害羞、木讷、不善言辞的乡下孩子,然而在那些年里,无聊、情绪化和敏感,却帮助我发展出一些相应的正面特质。例如,幽默、风趣和好玩的表达方式使我在自己早年参加的文化活动中展现了优异的表演天赋,同时,还练就了娴熟的即兴演讲和主持风格,使我在之后十几年的主持生涯和团体生活中找到了自信和自己的价值。

很多笑星诙谐、幽默的表演给我们带来了欢声笑语,其实,他们当中的某些人和我们一样,内心同样有着难以向人诉说的孤独、寂寞和空虚无聊。我曾经在北京机场的候机楼遇见过香港的一位著名笑星,他的电影是许多人快乐的源泉,也是很多人解乏和化解无聊的最佳方式之一,但是生活中的他看上去却是一个沉默寡言的人,像个苍白无聊的小老头。

因此,不要拒绝和唾弃你的负面情绪,带着好奇和想象力,去寻找和发现它们带给你的反能力,看看哪些是你已经在使用的,哪些可以成为你生命中新的法宝。

对手会刺激你的潜在能力

体育界的资深运动员习惯用他们成熟的比赛态度表现出一种对对手的尊重。两强相遇勇者胜,比赛总是会有输有赢的。在一场高水平的足球比赛中,高潮迭起,双方都拼尽了全力,当胜利的天平倾向于一方时,输掉比赛的一方也并不沮丧,他们所表现的大度是:感谢对方的超水平发挥激发了我们的潜能,谢谢对方让我们享受了一场精彩的比赛。同时真诚地祝福对方的胜利，并且会说："上帝今晚站在了他们那边"，这是成熟运动员的心理状态。

电影圈的人们也喜欢制造让明星们在一起飙戏的场面，这样，演员们在自由发挥中往往会有很多的意外灵感和神来之笔，观众们看起电影来也会高呼过瘾。

强劲的对手会刺激你的潜在能力，负面情绪的反能力居然是如此奥妙。

在过去将近四十年的岁月里，我一直认为，父亲是我成长过程中最大的敌人，他是这个世界上与我争夺母爱的最大假想敌。当我18岁离开父母赴外地求学以及参加工作后，我就一直处在极度的无价值感中，对未来的人生没有规划，觉得活着没有什么意思。处事犹豫不决、不敢承诺、不敢作任何决定，经常无意识地抱怨和指责，是一个疾世愤俗、吹毛求疵的人。我固执地认为，是父亲对我的不公正待遇，导致我的生活如此不幸。虽然我非常恨我的父亲，但就算如此，一旦在他的面前我又经常是敢怒不敢言，只能做一些消极的抵抗。

通过这些年对自我生命的重新审视和了解后，我惊奇地发现，原来支持我一路走来的敢于冒险的勇气和坚忍不拔的耐力，都是早年在父亲对我严格训练的过程中打下的基础，他那时要求我每天早晨必须坚持跑步锻炼，不准睡懒觉，如果被发现睡懒觉的话，是要被重重的体罚的。所以直到现在，几十年过去了，我依然每天早晨七点会准时醒来，而且起床后一定要迅速离开床铺，（当然，有必要的话，我会换个地方继续再睡）。

那一天，在父亲70岁生日的家庭宴会上，当着众亲朋好友的面，我举杯向父亲真诚地表示感谢："谢谢爸爸！感谢您当年对我的严格训练！您是我的生命教练，是我生命中最重要的训练师"。

负面情绪激发你的成长动力

驱动人类世界前进的两大原始动力：一个是恐惧的力量；一个是爱的力量。在大多数的时间里，我们大部分人都生活在恐惧之中，虽然有时你觉得自己并不是很害怕，但是，只要你做的事情是为了防卫和逃避些什么、寻求一种安全感和满足感，就是在恐惧的频道里行进。源自一个错误的理由，人们有时也会得到正确的结果，这就是因错误的理由做正确的事情。

恐惧心理，特别是危机感和紧迫感，并不是一无是处，它们往往可以在特定的情境中激发出你未曾使用的潜能。比如说，一个人平时根本跑不快，但是一旦后面有一只老虎在追着，他可能就会跑出世界冠军的速度，甚至比那更快。

害怕再次经历父母的受苦，不再像父母一样艰难地生活，是我的很多同龄人在七八十年代读书的巨大驱动力。恢复高考的大好时机也成了很多人改变自己命运的唯一机会。特别是那些农村户口的孩子们，他们的信念是："为了不再像父母一样过着面朝黄土背朝天的艰苦日子，再苦再累，也一定要以头悬梁、锥刺股的精神考出去。鲤鱼一定可以跳龙门！"他们刻苦努力的程度远远超越了当时那些城里孩子的想象。

当年，曾经有一个农村的中学因为学生一直在反复参加高考冲刺训练，很长时间都没机会洗澡，导致大多数人出现了皮肤瘙痒、发炎等症状，学校不得不组织了一次集体洗澡、集体消毒才解决了这个问题。可见，那时的人们为了改变自己的命运而拼命的程度。

篮球明星姚明在当初选择进入业余体校学习篮球时，并没有远大的理想，也没有要成为乔丹那样的巨星。他和父母的想法都很实际，就是进入业余体校就可以有饱饭吃，有合适自己尺码的衣服穿，特别是对于他来说有足够大码数的鞋子穿是一件很不容易的事情。直到姚明进入上海队在中国的职业篮球联赛，能够直接与八一队的中锋王治郅对话，他才找到了自己的信心和价值。在参加了奥运会崭露头角并获得中国职业男子篮球联赛的冠军之后，他才看到自己有更大的成长空间，那就是去美国职业篮球联赛发展。

曾经在全国热播的电视连续剧《士兵突击》，讲述的是士兵许三多从一个乡下孩子成长为一位杰出士兵的故事。

许三多从小在父亲的训斥和体罚中长大，自我价值极低。前来家访的班长史今本来准备放弃对他的征兵，只是实在看不过他父亲的苦肉计，同时从许三多父亲的训斥中也看到了自己过去的影子，因此，就决定把许三多带到部队。三多在部队的成长都是为了去掉"龟儿子"所带来的心理自卑阴影，也是为了不让班长失望。直到后来他一步步成长为老 A 部队的一名优秀战士。这时，他再没有人可以依赖和依靠，也不再需要为了得到他人的认可或向他人证明什么而生活，他需要为自己的人生找一个合适的理由和动力。在这个角色的身上，我们很多人都可以找到自己成长的影子。

当我们以错误的理由得到正确的结果时，原来隐藏在自己内心的一些心理障碍会逐渐浮现出来。这时，正是我们可以看到自己拥有更多选择权的时候，那就是我们要继续选择将恐惧作为自己的原始驱动力，还是转而选择爱作为我们的原始驱动力。既然你可以选择以错误的理由来做正确的事情，当然也可以选择以正确的理由来做正确的事情，这完全是属于你自己可以掌握的决定。有了选择的自由，我们也就有了足够的心理空间和希望。

负面情绪的正面价值

综上所述，负面情绪不是你要摒弃的部分，而是赢回你生命力量的重要部分，负面情绪是将你导向正面能量的关键按钮。

在太极的图案中，一白一黑两条鱼互相依存着，一条鱼的尾巴结束就是另外一条鱼头部的开始，正所谓，阴到极致即是阳，阳到极致便是阴。同时，这一黑一白两条鱼的眼睛分别是对方的颜色，象征着阴中有阳、阳中有阴，阴阳构成一个和谐的整体。如果我们把负面情绪和正面情绪比作是太极中的阴阳两极，负面情绪就代表着阴极，正面情绪则代表阳极，负面情绪和正面情绪构成一个完整的情绪体，这是隐藏着的内在和谐。

负面情绪在即将到达强弩之末时，往往就意味着正面情绪的开始。例如，愤怒到极致将倾泻出悲伤，而悲伤被彻底释放后将生出自然的喜悦和宁静。平时我们很少能经历到这种情绪的体验，只是因为在遇到负面情绪时，我们通常的第一反应是匆匆地逃避或者掩饰它，而没有给自己机会去体验情绪能量的充分扩张，以及自然流露过后的新生力量。

第六章
隐藏的宝藏

有一个脑筋急转弯问,如果你的东西南北四个方向都指向北,你在哪里?答案是你在南极点。如果四个方向都是指向南,那你就是在北极点。只有当你真正地体验过地理上的南极和北极时,你才可能真正了解到,地球是圆的,以及地球到底有多大,这不是从书本得来的知识,而是你亲身经历的体验。

我们的内在世界亦是如此,从痛苦中解脱不是逃避、逃离、抽离和否认负面情绪,而是勇敢认出这个情绪的真相。只有在你经历并进入那个负面的情绪能量,完全看清楚了这个情绪所隐藏的心理需求是什么,你就读懂了这个情绪,只有看清楚真相,你才能从这个情绪的困惑中得到真正的解脱。这时,你将获得一股新生的力量,每次从一个负面能量中翻转,你都会赢回新层次的生命能量与力量,这是你灵性生命的新生。

你将发现,每一天的你都是新的,每个片刻的你都是新的!生命中充满着信任与希望,你将不再怨天尤人、不再孤单乏力,而是一天比一天更有信心去体验生命的多姿多彩,更勇敢地去展现你的生命特质!

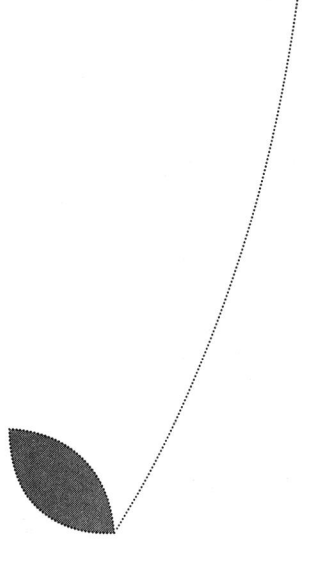

　　负面情绪不是你要摒弃的部分,而是赢回你生命力量的重要部分,负面情绪是将你导向正面能量的关键按钮。

第七章
赢回无条件的爱

有一个潜心修佛的人，一日，他带着两个花瓶去献给世尊。

世尊见到他，说："放下。"

这人赶忙放下左手中的花瓶。

世尊又说："放下。"

这人又放下了另一只手中的花瓶。

没想到，世尊还是对他说："放下。"

这人纳闷，摊开双手说："我的手上已空无一物，没有什么可以放下了？"

世尊向他开示道："我不是让你放下花瓶，而是放下一切的烦恼和执着。当你愿意将这一切都放下，你就从生死桎梏中解脱出来了。"

只有你之前曾经先拿起过某件东西，才有可能现在把它放下。此刻，过往的人生经历，无论是痛苦还是快乐，都是你解脱的经验之物。从其中，你可以升华出来自第一手资料的生命智慧。

感谢和接受过去所有经历带给自己的礼物，你就有可能将过去放下。而所有对过去的怨恨和不原谅，只会加深我们在那个层面所遗失的能量,当我们愿意从完整的角度去解读那些负面情绪和伤害事件带给我们的价值时,我们就能以感恩的心对待过去,把那些烦恼和执着全都放下。如此,过往的受伤害记忆和负面情绪将在我们的手中随风而逝。

我相信,我愿意

释放负面情绪的起点是你必须要有强烈的意愿和相信能力。这是你改变生命的动力,这个足够的信心和意愿将汇聚巨大的能量,支持你走好接下来的心灵探险之路。积极热忱的正面情绪就像我们在黑暗中探索时的照明灯,指引着我们前进的信心和希望。

"信是所见之事的实底,未见之事的确据。"

——《圣经》希伯来书

我们只能选择性地看见那些我们相信的事物,以此去验证我们之前的信念。而相信那些自己并没有看见的事物,才是真正的信任,这需要我们具有极大的耐心和冒险精神。

每个人都守着一扇只能从里面打开的门,这就是我们的心门。只有当我们愿意打开心门时,我们才有新的可能性。这是我们的自由意志,当我们清晰地确认自己真的要改变的动机时,我们就会获得来自更高层面的力量的支持,那就是心灵的力量。

"我相信,我愿意"是一个很有力量的句子,每当你要改变、要做一点冒险时,对自己说:"我相信,我愿意",你就会感觉到无形的力量在心中产生。

觉察与认知情绪，就是一种疗愈

> 现在，当情绪再度来临时，我该如何做？

觉察情绪

觉察负面情绪其实就像觉知呼吸一样的重要，只是我们平时很少把注意力放在觉知情绪上面。每个人都有一些负面情绪反应的基本模式，就像前面所说的，我们在出生到长大成人之后，会有一些基本的情绪基调，比如，有些人是乐观型的，有些人是悲观型的，有些人是多愁善感型的，仅仅是观察自己在遇到什么人和事时会高兴，遇到什么人和事时会沮丧，遇到什么人和事时会愤怒，解读什么是为你带来快乐的按钮、什么是导致你痛苦和不快乐的按钮，你就会发现，要清晰地表达自己的情绪还真不是一件容易的事情，你可能还从未这样认真地了解过自己。

认知情绪

当负面情绪出现时，假如我们说："我有一个情绪，但这个情绪不是我"。这句话就已经把我们和情绪分隔开了。然后，你可以给自己的负面情绪取一个名字，与此同时，你已经从情绪的控制中脱离出来，而以旁观者的姿态在观察这个情绪了，不要小看了这个动作，这就是疗愈。

你的情绪是什么？在下面这些负面情绪中，为你的情绪做一个命名，你就能认出自己处在哪种情绪的困扰之中了。负面情绪的货品仓库里有如下存货：恐惧（恐惧贫穷、死亡、生病、失败、孤单、寂寞、破坏性的批评、失去爱、面对困境和窘迫）、愤怒、怨恨、指责、抱怨、怀疑、羡慕、嫉妒、焦虑、紧张、生气、无聊、郁闷、评断、猜忌、自怜、羞耻感、罪恶感，等等。当清晰地界定了你的情绪之后，我们就可以继续移动脚步前进。

四不原则——不否认、不排斥、不评断、不掩饰

当我们有情绪时，不否认就是最大的改变。看着情绪在此刻升起，就像在观看一个舞者的舞蹈。无论她如何引诱你与她共舞，你就是坐着纹丝不动。

不排斥。越是排斥你的情绪，你就越是在增加其能量，其效果只能是适得其反。作用力等于反作用力，这是物理学的基本原理，当你不再将注意力给予负面情绪，不再喂食负面情绪的信念时，负面情绪对你的影响力就会越来越弱，你也就具备了更多的解脱能力，因而总有一天，你可以从负面情绪的控制中胜利大逃亡。

不评断。当你不评断时，我执就会受到威胁。情绪是我们戴着有色眼镜在看待世界，当我们关闭评断和评判的大门，就使得这个部分的我执失去了生存之地。情绪就会像过眼云烟一样烟消云散，而暴风雨过后总会出现美丽的彩虹。

不掩饰。即是绝对的诚实原则，不快乐就是不快乐，痛苦了就是真的在痛苦，流泪了也绝不掩饰说是"沙子进了眼睛"，我们很多人已经习惯了"伪装快乐"。有一个中国人，只会一点简

单的常用英语就到美国去出差了，在美国的大街上，他一不留神滑倒在地，疼痛难忍之际，有美国人过来关切地问道："How are you？"（你还好吗？）他马上回答说："Fine, thank you！"（很好啊，谢谢你！）在平时的常用英语句子里，他没有学习到如何表达痛苦的语句，学到的都只是表达"我很好"的句子，因此，就算是摔得已经很疼痛了，他的表达依然还只能是"我很好！我很快乐"。

释放你的负面情绪

> 对于已经产生的情绪，或是过去积累的情绪，它们使我身心疲惫，步履艰难，我要如何清理和释放它们，才能轻装上阵？

被聆听就是被了解

在一个完全被接纳和有足够安全感的环境中，你能够全然地倾诉自己内心的真实声音，就已经是一个很好的情绪释放了，特别是在你很信任的朋友或者师长面前。

在这些年里，我会给身边的几位好友做一些心理辅导，说是辅导，其实就是扮演一位忠实的聆听者的角色。阿玲是我辅导时间最长的一位朋友，每次她有一些心理状况时，总是会第一时间打电话给我。几年来，她的故事主题总是"我要结婚"。她交往的男朋友从还没有离婚的男人到离异无孩的男人，或是钻石王老五，她走马灯式地换了很多男友，虽然是屡败屡战，但她依然越挫越勇。每当我聆听过她的抱怨，听说她又分手了之后，她也总是很快就重整旗鼓、鸣金再战。尽管这样，她对找个伴侣结婚、过幸福的婚姻生活依然充满了信心。每次，我们谈话过后，她都会轻松许多，并且有所感悟。有一次她对我说："我琢磨出来了，每次都是我说你听，你也没有帮我做什么决定呀，最后不还是我自己解决了那些难题吗？"我说："是呀，解决问题的能力本身就在你身上，我只是帮助你厘清了你的处境和面临的问题，搞清楚了自己要什么，自然就能做出清晰的决定了。"最近，终于传来她的好消息，她要和交往一年多的男朋友正式结婚了。

开放一个倒垃圾时间——机场的吸烟室

目前，国内大部分的机场候机楼里都有专门的吸烟室，这样既清洁了候机楼的空气环境，又保护了不吸烟人士的利益，同时还照顾到吸烟人士饥渴难耐的烟瘾需求，真是一个双赢的选择。

有一个人，他从来不发脾气，每天总是温文尔雅、面带微笑，时间一长，不但他的邻居，就连他的妻子也对他的温顺性格产生了疑问，这里有什么秘密吗？相问之下，他笑着说："其实，很简单……"原来此人在一家玻璃厂工作，他要做的工作就是把不合格的玻璃砸得粉碎。每天，在砸完了那么多玻璃之后，他的怒气也就所剩无几了。

在我们学习认知自己的情绪时，会经历一个由无意识的情绪泛滥，到逐渐苏醒意识的过程，有意识的觉察与无意识的情绪会交错出现，直到我们进入完全清醒的觉知阶段。

即使我们现在知道要对自己的情绪负责，但还是会习惯性地落入情绪的陷阱。因此，准备一个专门的情绪发泄时间和空间，允许那些顽固的或者残留的情绪得以释放，让它们有机会转化成轻盈的能量是非常必要的。这就是你的"吸烟室"。这是自我情绪疗愈过程中必不可少的阶段。

如果你有压抑的愤怒、许多的抱怨，以及种种不满情绪需要发泄的话，你可以在一个独立又安全的房间里，在不妨碍他人的前提下，大喊、大叫、摔打东西、拍枕头等，只要不伤害自己的身体就行。这样尽情释放压抑的能量，几次之后，你就会觉得轻松很多。

有觉知地抱怨

我太太戈泉不但是我最好的朋友，也是我心灵成长道路上的同修。在过去的八年里，我们一起参加了很多心理学和心灵成长工作坊的研习。慢慢地，我们之间有了一个约定，如果我们中的任何一方有情绪冒上来，都不再习惯性地怪罪于对方，不再要求对方对自己的情绪负责，但是可以寻求对方的帮助。也就是说，如果我们感觉到自己有一个情绪需要发泄或者需要向对方倾诉时，要做到"有觉知地抱怨"，这也被我们称之为"八卦时间"。

这个练习对于我们的成长是如此有效，它是按照这样的步骤进行的：如果我们当中的一个人要向另外一个人表达自己的负面情绪，首先，我们会明确不是对方的某个行为导致了我的情绪，而是这个场景唤起了我的受伤害记忆，这样做就不再是把对方当作我们情绪的迫害者，而是赢得对方的支持和守护。随之而来的情绪表达是："我对某事很生气，我正在抱怨，我要抱怨的是……"、"我很受害，我受害是因为……"、"我现在决定要评断一下某某，我对他的评断是……"，随着我们说出这样的语句，就会把抱怨的对象和受害的情绪统统都说个痛快。

等到情绪平静下来，我们会对彼此露出会心的一笑，明明知道是我们内心那个受伤害的小孩出来了，同时也知道，去分析小孩为什么会受伤是没有用的，孩子伤心的时候就是需要你来哄哄他，抱抱他，孩子也喜欢在他觉得安全信任的人面前撒娇，当他的需求被满足的那一刻，也就自动释放和转化了那些负面的情绪，事情的真相正是如此。

有觉知的宣泄某个负面情绪，就是在安全地释放它，每当我们讲出自己心中那难受的感觉，就好像我们内在那个受伤害的小孩被读懂了、被理解了，因此也就能完全释怀了。

说出害怕也是一种释放

有一对好兄弟，从小常常在一起开心地玩耍，他们共同拥有着一些美好的回忆。长大成人后，在一次家庭聚会上，大家在说起儿时那些好玩又刺激的事情时，哥哥和弟弟都一致认为，最享受的一件事情是哥哥带着弟弟骑着一辆自行车从坡顶向坡下俯冲，他们高声尖叫着的同时都松开了双手，并做着飞翔的姿势往下冲去，哥哥颇有兴致的说："虽然那样做很刺激，但我当时是很害怕！所以，每次俯冲时我都是闭着眼睛的！"弟弟说："啊！真的吗？我当时也非常害怕，我也是闭着眼睛的呀！"

小时候，我们常常担心如果承认了自己的胆小害怕就可能会受到欺负，因此就假装坚强。害怕受到伤害，我们也就不敢轻易地给出自己的信任。

回想一下，我们为了保护自己，为了保护家人和伴侣，或者为了保护我们的事业，我们隐藏了多少的恐惧和害怕，这些恐惧和害怕都被我们藏在地下室里封存起来，以为这样就可以安全前进。殊不知，日积月累，有一天，这些东西腐烂变质，散发出臭味，污染着我们的思想，损害着我们的健康，我们才会意识到压抑封存它们的危害性。

选择一个安全且安静的环境，把你害怕和担忧的事情、埋藏已久的恐惧都讲述出来或者写下来，不需要分析和解答，就像打扫卫生一样，将垃圾清理出去，你顿时就会轻松不少。

天边飘过情绪的云——让情绪经过你

在我上小学的时候，老师们为了使我们不在下午的课堂上打瞌睡，学校规定所有学生都必须在教室午睡。我们的课桌和板凳都是长条形的，很适合躺着睡午觉。躺在长条形的课桌上睡不着的话，我就会看天上的云彩，并且为各种形状的云彩赋予自己的想象，把它们变成人或者是动物。然而云彩总是一片片从眼前飘过，那些动物和人形模样的云团转瞬即逝，总是处于变化之中，可永远不变的是蓝蓝的天空。

负面情绪就像天上的云彩一样，不断变化着飘过我们心灵的天空。

那些云彩有可能是乌云，也就是那些消极的负面情绪，它们代表着沮丧、悲伤或者郁闷，有时是白云、有时是彩霞，那或许是积极的正面情绪，代表着快乐、信心、热情等。有时，你以为头顶的云层就是天空了，其实那是一个错觉，你只要乘坐飞机在海拔一万米的高空巡航，就会看到云彩在机身下面，而机身以上永远是万里无云，只有清明纯净的湛蓝色天空，那就是你可以向内看到的本我、自性，它是那样的俱足、纯净，全然的开放、自由又无边无际。

你有一个身体，但身体不是你，它只是构成你的众多元素中的一个部分；你有一个情绪，但情绪不是你，它只是在经过你而已。

人生只在一呼一吸之间

一日，世尊问众弟子："肉体的生命究竟有多长？"

"凡人庸庸碌碌，不过几十年。"

世尊点点头，又摇头。

"草木枯荣，无非四季。"

世尊点头，又摇头。

"日出日落，生灭交替，生命只有一日而已"

世尊长笑不语，仍然摇头。

"那么人生究竟有多长？"

"停止呼吸就停止了肉体的生命，人生只在一呼一吸之间啊！"

一呼一吸就是我们当下的世界。去观察一下小孩的呼吸，当孩子在睡觉时，呼吸的特征是缓慢而绵长的，其间没有停顿，这是生命成长的一种自然呼吸，呈现着轻松自在的生命状态。长期的心理紧张与压力，使得我们已经遗忘了本来就应有的自然呼吸。

成年人的呼吸大部分是在胸腔的呼吸，而不是腹腔的呼吸，胸腔的呼吸特点是急促而短暂，容易引起烦躁和情绪的波动。

众所周知，一个人如果不喝水，可以存活一周，如果不吃饭，可以存活15天，如果停止呼吸几分钟，就会失去生命的迹象。由此可见，对于生命而言，呼吸有着特别的意义，呼吸也是赢回当下力量的一个重要法门。

当我们被情绪控制时，注意力就进入了那个由情绪所左右的情境之中，引起情绪的事件在过去的某个时间或者未来的某个空间，这表示我们已经脱离了当下，也无法觉知到自己的呼吸。一旦你觉察到情绪对自己的控制，并且把注意力拉回到关注自己的呼吸上时，经由情绪而来的紧张和压力就会在瞬间有所缓解和松动，再继续地观察你自己的呼吸，就会有更深的平静在你内在发生。

不再制造新的负面情绪

> 老师，我已经学习到了关于负面情绪的价值和释放的方法，可我身边的人不一定了解这些，我要如何以新的姿态与他们相处呢？

不按他人的按钮

每个人都有自己的情绪命门和按钮,当我们被某个人说到令自己尴尬的事情时,就是此人按了我的按钮,点了我的痛处。当我们说出或做了让他人难堪的事情,就会引发人际关系中的冲突,这就是在按他人的情绪按钮。

每个人都有喜欢的事情和喜欢被对待的方式,每个人也都有不喜欢的事情、讨厌的事情和不喜欢被对待的方式,这些固有的习惯和反应模式,在我们还没有得到完全的疗愈之前,会以情绪反应的方式不断地干扰我们的生活。

不让别人按你的按钮

我们需要做个决定,了解并尊重他人,不再去按别人的情绪按钮,不再制造新的冲突。

当你感到有人对你发起攻击或者伤害你时,我执会把这个情境诠释成"这是专门针对我而来的"、"敌人在进攻了,战争迫在眉睫",并引发全身肌肉的紧张和呼吸的急促,这表示你已经在做迎战的准备了。

认清楚人们这样对待你,是因为他们也是这样对待自己的,理解到他人的情绪来自于其反应模式,并不真的是针对我们而来,我们就会逐渐地放下习惯性的紧张和防卫反击的预警机制,开始化敌为友了,孙子说:"不战而屈人之兵,善之善者也。"

"垃圾桶"现象

当我们有受害情绪又难以自我排解时,常常会转向身边值得信赖的朋友倾诉我们的苦衷。有时候,你可能就是那个聆听者。如果你是那个聆听者,一方面你要感谢对方对你的信任,另一方面你也要保持警觉。如果不够警觉,我们就有可能充当了"垃圾桶"的角色。当你听完那些抱怨之后,很可能会在无意中带着这些负面能量回家,从而在另一个场景中出现情绪反应和冲突。

　　对于这样的倾诉,我们通常会有三种反应。第一,因为同情心而与对方一同受苦,他的经历唤醒了我们的受苦记忆,于是你们的谈话变成了一场"忆苦大会";第二,看着对方很痛苦而自己又帮不上忙,产生出自责和愤世嫉俗的心理;第三,忙于给对方建议,撩起袖子准备帮对方主持正义而落入了拯救者的陷阱。

　　事实上,人们之所以要来找你,也许只是利用你们的谈话时间来整理出自己的一些想法,寻找出解决问题的途径和答案,你要做的就是专注地聆听并保持清醒,你的聆听和守护就是对朋友最好的支持。

整合与转化,赢回无条件的爱

> 　　我现在感觉好多了,我知道该如何去面对自己的情绪了,我还需要做什么才能够赢回更深层次的力量,帮助我走得更稳健更长久呢?

与父母整合——赢回内在父母无条件的爱

　　也许你现在没有和你的父母生活在一起,但无论你在哪里,只要你的生命还在延续，你的内在父母都始终和你在一起。

与内在父母的联系和整合，是赢回我们生命力量的重要源头。这是我们要花费很长时间甚至是一生来学习的功课。

我们排斥父母的地方，也就是排斥自己的地方。我们因为没有在父母那里获得足够的爱，而发展出渴望获得爱的需求和害怕失去爱的恐惧，使我们变得依赖又索取，充满防卫心与攻击性。很多负面情绪都是因爱而生的恨，都是因为需求得不到满足而产生的怨恨、愤怒和报复心理。

我们与内在父母之间的距离，就是我们与真我的距离。这些内在的距离，常常会在外部世界制造无数的冲突。

我们与内在父母的关系

怨恨与怪罪。对父母的指责和批判——因为他们当年没有满足我的需要，他们没有听到我痛苦的呼求，他们无视我的存在，尽管他们工作很忙、生存压力很大，但我们依然有理由谴责和批判他们；

内疚和自责，这是因为对父母有所亏欠而引发的内疚感和自我谴责。当我们看到父母在受苦、被他人欺负，或被不公正地对待时，我们幼小的心灵就会做一个要快速长大的决定。因此，我们情愿牺牲自己来承担家庭的责任，替父母分担忧愁。当感觉自己能力不足，做不到又不愿意接受这个事实时，我们就会产生拯救者的补偿与内疚心理；

由被遗弃感而引发的疏离感。其内在信念是"父母不爱我，我是不值得被爱的"，由此延伸出的信念是"如果连我的父母都不爱我,那这个世界上再也不会有人爱我了。"因此,选择不再相信人间有真爱。被遗弃而不相信真爱的信念影响了很多人的一生,甚至我们的大部分生命早就在那些被遗弃和自我遗弃的岁月里枯萎和死亡了。

调整信念,赢回内在父母的爱

首先,是我们自己选择了父母。在父母创造我们身体的那一刻,有一个意识决定要进入那个身体,那个意识就是我自己,我拥有选择权和决定权。如果我们愿意接受这个前提,将会获得前所未有的责任感和力量。

其次,父母亲没有给我们的,也正是我们要贡献给他们的。

父母最大的责任就是养育我们长大成人,他们能够给予的,早就已经给予我们了。那些我们没有得到的部分,也正是他们没有的,或者正是他们此生要来学习和发展出的部分。当我们完全了解到这一点时,就不会再埋怨我们的父母了。

接着,我们选择这一对父母,是要从他们身上学习那些美好的人格特质,孩子对父母的最大回报就是把继承和学习来的这些美好的灵魂特质发扬光大。特别是当我们也为人父母时,我们就会知道,真正能够传递给孩子们的,不是物质的财富,而是那些精神财富——丰富卓越的灵魂特质。

最后,重新建立起与父母失去的联系,即使你的父母已不在人世或不在身边,我们仍然可以在意识层面与其联系。如此,将使我们在心灵层面与父母合二为一,这个层次的能量结合将会赢回更多的爱与联系,我们会变得更能接纳、欣赏和爱自己。

我的爱对你说

在我参加过的工作坊训练中，做得最多的练习之一就是与内在父母的整合，而这个整合是经由场景模拟和对话来完成的，也就是回溯到你和父母相处的时间、空间里，由你从自己的角度和从父母的角度来倾诉和聆听彼此的心声，从而完成对过往伤痛的疗愈。

刚开始做这些练习的时候，因为心门关闭已久，往往很难启齿。但是，当我开始向父母诉说我多年来的恐惧、担心和害怕，我对父母之爱的渴望，我那些没有被满足的需求，他们对我的破坏性批评，我被体罚时那钻心的疼痛感受时，就渐渐说得泪流满面，也愈发流畅起来。当我站在父母的位置来诉说他们的心声时，我才发觉父母对我抱着那么深的爱惜和抱歉，原来我们之间有许多的偏见和误解，是这些误会让我们以为我们是在彼此伤害和互相抗拒的。

回想起我第一次给父母打电话表示感谢，同时还要说："我爱你"这三个字的时候，那时的肢体和身心语言都是僵硬和放不开的，父母在接到电话后，也很纳闷，等我回家后，他们小心地询问我说："你没发生什么事情吧，你在外面没有犯错或违法吧？"

虽然我与父母住在同一个城市，但在过去，除非我有很重要的事情才会给父母打电话。而在这些年的自我疗愈之后，我会经常给母亲打电话报平安，每次回家吃饭时还可以单独和母亲长谈，对父亲的感觉也不像之前那样陌生和疏离，而是很亲切温暖了，现在的我，每次对父母、伴侣以及孩子说"我爱你"时，都显得那么自然和真实。

与自己整合——赢回对自己无条件的爱

学习诚实地面对自己的感受

诚实地面对自己的感受是赢回自身力量的关键步骤。

害怕被遗弃和不被大人接受等原因，使我们从小就学会了掩饰自己的真实情感，学会说谎，并且学着取悦、讨好他人，以换取必需的生存条件和空间。由此，也形成了自我欺骗的假我，但真我的感受却一直都在。当这两种感受发生冲突时，痛苦就产生了。

对自己的感受保持诚实，这个看似简单的动作，做起来却并不简单。过往的人生经历让我们学会了戴着面具生活，面具已经与我们不可分割，就像现代童话小说《盔甲骑士》里的那位骑士，因为连年征战，每天都是盔甲在身，时间一长，盔甲都长到肉里，再也脱不下来了。我们的伪装面具也是如此，时间一长，你都不知道，哪些是自己的真实感受，哪些是为了应付和取悦而伪装出来的感受。

对自己的感受保持绝对的诚实，是找回迷失的自己的起始点，这需要足够的勇气和心理准备。当然，一旦你越来越能诚实地面对和表达自己的感受，就将在当下获得意想不到的轻松自在和对自我生命的无限信心。

你可以说"不"

很多时候，因为我们不好意思拒绝他人，因而会不断累积自己的愤怒、怨恨和失望。

当我们不能对人说"不"时，隐现着我们的一个习惯性回应模式，即我们总是会第一时间关注他人的感受，而忽视了自己的真实情感。这就折射出我们平时处事的一种态度——我们在潜意识之中觉得别人比自己重要，他们的事情应该优先得到考虑，他们似乎比我更重要，长此以往，我们就会不自觉地累积起受伤害、被忽视，以及充满愤怒和怨恨的情绪。

当然，不要为了拒绝而拒绝。有时候为了宣泄自己的情绪，我们会用耍性子的方式来拒绝身边的人帮助自己，也就是明明知道自己错了，明明知道对方的好意，但是因为碍着面子，还是会用拒绝的方式来证明"我是对的，别人是错的"，这实际上也是在用拒绝索取关爱。

对他人说"不"，并不代表你不爱他们了。在我和儿子的沟通中，我们经常会做关于拒绝和被拒绝的练习，我说："有时候，我拒绝你并不代表我不爱你。只是作为父亲，我有责任说这样的话。"同时，我会告诉他："你也可以拒绝我，不要不好意思。当你拒绝时，要对你的拒绝负责任。"有一次，他面临一个选择，一边是和他好久没有见面的朋友们聚会，一边是为他的拓展教练做几天助教，做助教一直是他最喜欢的工作，但是在做了慎重的考虑之后，他还是拒绝了老师的邀请，转而去会朋友。事后，我和他的老师聊起这件事情时，老师也觉得他处理事情很有主见，而且拒绝的理由是成立的。

当我们看重自己，看重自己的时间、自己的工作和愿景时，别人也同样会尊重你的时间和空间。我们不能把别人看得比自己重要，同时，也不要忽视他人的重要性。我们要赢回的力量是以平等心看待彼此的重要性。

"世界需要我，我很重要"是一句很有力量的话语。当我们习惯看待自己的重要性时，我们就会在第一时间聆听自己内心真实的声音，我们也会创造出对他人的尊重和尊敬，由此，我们和他人之间就有了一定的缓冲空间，彼此都会觉得温暖，同时又不会互相干扰，这就是和谐的人际关系。

当你被人拒绝时

你和他人之间的人际关系，等于你和你自己的关系以及他人和他自己的关系，也就是说，你对待他人的方式就是你对待自己的方式，他人也会以对待自己的方式对待你，当我们了解到这一点时，我们就能理解人们的拒绝了。

人们拒绝我们，并不代表我们不够好，也不代表他们不爱我们。如果有受伤害的感觉，那就要看你想从对方那里得到什么。去看看，你是想从对方那里得到关注、认可，还是他的资源？只有在你想要得到什么的时候，你才会有失望和受伤害的感觉。

当我们害怕被拒绝时

当我们害怕被拒绝时，事实上，是在内心定下了自我拒绝的基调。在他人拒绝自己之前，我们就已经把自己拒绝了。我们如果不敢表达自己的真实需求，就会渴望他人读懂我们或者猜测我们的心思，那样就会创造出暧昧纠结的人际关系。我们必须清醒地知道，没有人可以 24 小时随时随地满足我们的需求，如果真的有那么一个人的话，那就是我们自己。

滋养内在小孩

想想看，如果你和一个不能自主行动的婴儿在一起，婴儿需要帮助时，他的表现方式是哭声，这时，你会去哄哄他，聆听他的需求，给他足够的关注，很快的，小孩又会自己玩得很欢。事实上，我们每个人的内在也有一个这样的小孩。

童年时期，由于疾病、失去最重要的亲人、父母离异、家庭权力斗争、需求未被满足等，我们幼小的心灵会觉得失望或者沮丧，因而会失去某些层面的自己，甚至杀死某个部分的自己，我们把失去的那个部分——那个依然停留在过去某个时段的自己，称为内在小孩。内在小孩往往停留在我们感觉自己受伤害或留下心碎记忆的年龄。

长大后，当我们遇到类似事件而产生情绪时，实际上是那个受伤害的内在小孩出现了。过去，我们会对自己习惯性地自我谴责或者发泄情绪，也就是在压抑或攻击自己的内在小孩。现在，我邀请你换一种方式来对待自己的内在小孩。

当你觉得有情绪时，无论这个情绪是什么，你的感觉可能是觉得被伤害、被遗弃、不被重视，想象自己内在有一个小孩，他就躲在房间的一个角落，这个小孩是几岁？他是什么表情？你尝试着去呵护他、聆听他，去把他抱起来，带着全然的爱与接纳跟他拥抱，直到你们合为一体。如此，那个受伤的内在小孩，就会健康成长。下次，再有受伤害的情绪冒出来，你又再次拥抱你的内在小孩，关怀爱护他。这样，他们就会慢慢长大到我们当前的年龄，这也正是我们的内心逐渐得到疗愈和成长成熟的过程。我们因此而整合了更多自己迷失的部分，重新建立起与心灵的联结。

全然地接受、聆听、允许

恐惧和有条件的爱阻碍了真爱的能量流向我们，这使得我们不断制造各种形式的负面情绪。负面情绪不但代表我们在受苦，同时也在显示我们对自己的爱不够，我们不再需要那些有条件的爱，我们渴望无条件的爱，无条件的爱就是无条件的接纳。

你是世界的源头，你就是世界。世界是从你这里开始的。

让我们从以下几个方面来给予自己无条件的爱。

第一步，给自己足够的允许和接纳

"我是被爱着的"

"我是被允许的，我是被接纳和认可的。"

"我无条件地接受当下的自己"

"现在的生活是我创造的，我完全接受它。"

"我的生活一切安好，没有任何问题！"

第二步，给自己持续的耐心和信心

"我在错误中学习和成长"

"错误和失败是成长功课的一部分，它们是伴随着成功和喜悦一起来的。"

"犯错了，不要紧，再来一次。"

"我一定做得到。"

"每当我进步了一点点，我都要嘉奖我自己"

"我可以过宁静、喜悦、自由的生活"

"没关系，慢慢来，不要停。我肯定可以做得更好！"

"就算是犯错了，我依然爱我自己！"

第三步，给自己足够的肯定、欣赏和赞美

"我已经做得很好了。"

"我对自己很满意。"

"我感谢我自己！"

"我相信人间自有真爱。"

"我相信世界上一定有人无条件地爱我。"

"我愿意做世界上第一个无条件爱我自己的人。"

"我喜欢我自己。"

"我深深地爱我自己。"

第八章 宽恕是唯一的解脱之道

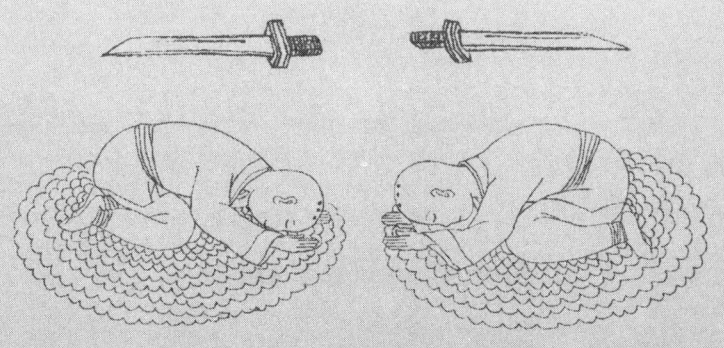

一位禅师养了一盆兰花，并且甚爱此花。一天，他要外出云游，临行前交待弟子好好照顾这盆兰花。

弟子们谨遵禅师的嘱咐，一日打扫时，一名小徒弟不小心将花架碰倒了，整盆兰花都被砸坏了，花落满地，弟子们非常恐慌，纷纷责怪小徒弟。

禅师回来了，小徒弟小心又懊恼地向禅师请罪，没想到禅师听闻此事后，笑道："哈哈，我种兰花是为了怡养性情，供奉佛祖的，我不是为了生气而种兰花的！何罪之有？"

是的，我们不是为了生气而活着的，我们也不是为了恨某个人而存在于这个世界，我们是为了体验生命中的爱与喜乐而来，这当中，有一个重要的功课需要学习——那就是宽恕。

宽恕不是一个简单的行动，而是由一系列"正念"所得来的对生命的全然认知。

宽恕是站在一个360度的角度，从宏观到微观，从整体到局部，乃至细枝末节，来看待生命究竟是什么，从而获得第一手的详细资料和经历，透过这些经历得到的体验，你才有机会将其升华为生命的智慧。

宽恕是我们对生命中那些限制性信念的修正，是把那些妨碍我们自然成长的限制去除和转化，让生命按照它与生俱来的自然属性，像种子一样破壳、发芽、抽条、开花、结果。

宽恕能够消融和转化恐惧、内疚、罪恶感、批判、逃避、自我谴责、攻击、抗拒等隐藏在潜意识深处的限制性信念。当我们在爱和勇气的护航中，一步步穿越这些潜意识限制时，我们就将抵达平安、宁静的心灵港湾，那时就会体验到宽恕的真正意义。

宽恕是从不同的角度看待同一件事情

> 哪些人、事、物是我们需要宽恕的？我该如何做？

内在的法庭——宽恕那些伤害过你的人

我们的内在有一个铁面无私的法官，经常做一些不经过庭审调查就直接判罪的事情。我们自己有时是那个法官，有时又兼任陪审员和犯人，当我们认为自己做错了事情必须要接受惩罚时，我们就是被法官判罪的犯人，这就是在定自己的罪了。

当我们认为别人做错了事情，并怪罪他们的时候，我们就是在自己的法庭上定他人的罪。

那些让你痛恨、让你不快乐的人，其实早已离去，只是你的怨恨在抓住他们，好让你在意念和想象中有机会审判、蹂躏、折磨他们。

那些在过去伤害过我们的人就像我们在火车旅行中遇到的

人，他们早已经乘车继续前进了，只有那个伤心的我中途下了车，我以为这样停下来是在折磨、惩罚那个伤害我的人，而实际上，月台上只有我自己形单影只的痛苦身影。

扪心自问，我们选择停留在那个令自己受伤害的情境中，这个事件对那个伤害我们的人影响大，还是对我们自己的影响大呢？答案肯定是后者。当我们执着于那个伤害，而让自己的某个部分停留在过往那个伤害事件的时间和空间里时，我们不但会让昨日的事件不断地在今天重现，同时也会陷入我执所制造的自我攻击和惩罚之中。报复折磨那些人之前，你必定无数次地对自己这样做过，否则，你的"业务"不会那么熟练。

不再向他人扔石头——不再定他人的罪

《圣经》约翰福音第八章记载了一个故事：

一妇人行淫时被捉住，众百姓依照摩西制定的律法要把妇人用石头打死。众百姓一个个拿着石头围住她，并向耶稣请教该怎么办。耶稣只是弯着腰用指头在地上画字。他们还是不住地问他，耶稣就直起腰来，对他们说："你们中间谁是没有罪的，谁就可以先拿石头打她。"于是他又弯着腰用指头在地上画字。

众人听见这话后，就从老到少一个一个地都出去了，只剩下耶稣一人，还有那妇人仍然站在当中。耶稣就直起腰来，对她说："妇人，那些人在哪里呢？没有人定你的罪吗？"妇人说："主啊！没有。"耶稣说："我也不定你的罪，去吧！从此不要再犯罪了。"

生命的功课

上面这个故事告诉我们，在你要定他人的罪、惩罚他人的过错之前，先看看自己曾经是否也有过错。如果，你愿意承认自己的错误，同时放下手中的石头，就意味着你开始愿意接受他人与自己的不完美了。当我们放下了"有错就必须被惩罚"的信念，接受了自己和他人的不完美，在犯错之后采取积极的修正措施，而不是在心中升起自责和消极的心理暗示，这样，宽恕就有可能发生。

你可以在一个安静的环境、静定的状态里练习宽恕的功课。选择一个你之前不愿意宽恕的人，想象着你和他面对面地坐着说话，请用非常诚恳、专注的态度对他说："为了你我的自由，我愿意原谅你"、"为了你我的自由，我愿意宽恕你"，看看他此刻的表情如何？他有什么话要对你说？就这样将你的宽恕与祝福传递给对方，直到你感觉彼此接受，彼此相容。

如果你此刻还有不能宽恕的人，接受你的不宽恕也是一种宽恕。

就像曾经有一位学员在做"宽恕"练习时，遇到了阻力，她对我说："我还不能够宽恕我的母亲，我还是不愿意靠近她，也不愿意让她靠近我，我该怎么办？"我说："那就接受你的不宽恕，宽恕你的不宽恕"，她想了想之后，开始逐字逐句地说："我还不能宽恕我的母亲，但是我接受自己的不宽恕，我宽恕我自己。"说完，她顿时觉得自己轻松了许多，对母亲的抗拒也骤然减轻了很多。

把监狱改造成花园

对过去事件的怨恨就像在海洋中，一个巨大的铁锚拖住了一艘开足马力前进的巨轮，虽然费尽了九牛二虎之力，巨轮还是在

第八章
宽恕是唯一的解脱之道

不停地兜圈子。

如果你内在还有一个监狱的话，看看你一直不能放过的那些坏人，你已经无数次地诅咒、鞭笞过他们了，也正因为如此，惩罚这些犯人占据了你大量的注意力，因此，在不断地怪罪、谴责他们的同时，你也失去了自由。

解决的办法有两个：第一，释放犯人，看守犯人的你也就自由了；第二，你去寻找和实现生命中更重要的任务，因为没有了看守，监狱里的犯人也就被自动释放了。

没有了看守和犯人的监狱，便可以改造成一座美丽的花园了。

向那些你伤害过的人，请求宽恕

不论是过去出于恐惧、防卫而有意做出的伤害他人的事件，还是出于无知而做出的无意识伤害，当你的意识足够清醒时，过去的事情会从你的潜意识深处浮现出来，就像过电影一样，在你眼前闪过，这时，我们才理解香港电影《无间道》的经典台词："出来混，迟早是要还的。"过去我们在人生中所创造的业力，在我们的意识觉醒时都将成为极好的疗愈机会和提醒物，这个疗愈的关键不仅仅取决于我们的愿望，也取决于我们愿意宽恕自己的程度。

今天让我们来检视自己过往的人生，看看那些你过去在有意无意中伤害过的人们，从中选择一个你想要交流的对象，想象自己面对着他，对他说："对不起，我错了，请你原谅我！"要知道，我们的内疚感和罪恶感会在能量层面抓住事件中的对方，使得他内心也不能真正的自由，因此，继续说："为了你的自由，我愿意放下我的罪恶感和内疚"。连续地说上多次,直到你内心真正感觉到如释重负乃至轻松自在。这是一个值得我们认真去做的练习。

不再定自己的罪——宽恕自己

在一次工作坊中,有一位学员向我提出了这样一个问题,他说:"老师,我今年38岁了,苦心经营了十多年的婚姻在去年以协议离婚而告终,儿子归我抚养。离婚后,我又莫名其妙地辞掉了一份收入不错也很令人羡慕的工作,我觉得自己很失败、很沮丧。我因为经济的困顿,不得不把孩子寄托在父母家,由我父母来照顾孩子。我觉得很内疚,对不起父母,让他们受累了,但我自己也是疲惫不堪又无能为力。我该怎么办?"

端详着他那写着窘迫和忧愁的脸,看得出他已经被痛苦折磨得死去活来了,他渴望了解自己的心门已经打开了,我看着他的眼睛,一字一句缓缓地问他:

"你是真的想知道答案吗?"

"是的,我是真的想知道为什么会这样?"他肯定地回答。

"假设你了解事情的整个过程,你本知道这个答案的话,你这样做,是要惩罚和报复谁?"

突然之间,空气仿佛凝结了,他怔住了,愣了一会儿后回答说:"是要报复我的父母。"

"他们做了什么事情,让你决定如此惩罚你自己,让你的婚姻和工作失败,人到中年仍然一事无成,经济和事业都无法独立。你这样做,内心究竟隐藏着什么信念?"

"我父母亲一直认为孩子是来讨债的、孩子是多余的、孩子是家里的麻烦,我就偏偏要向他们证明,我就是他们此生最大的麻烦。"

"你在这样做的时候,心里痛快吗?"

"不,一点也不痛快!我觉得自己真的是个麻烦。我把自己的生活都毁了,我根本不配成功。"

"正是你的自我定罪和自我惩罚造成了现在的一切,它不仅仅使你坠入痛苦的深渊,还将你身边亲近的人拉入了水底。所以,你愿意选择宽恕自己来赢回重新开始的力量吗?"

"嗯,是的,我愿意。我愿意学习宽恕我自己,宽恕我的父母。我愿意学习如何爱自己。"

接纳是最好的黏合剂和转化剂

> 在接下来的生活中,我要如何做才能避免产生新的冲突?下一步会发生什么?

接纳他人的状态

你所看到的他人,和他人看到的自己,是两个不同的概念。你所看到的他人,是你把自己内在的信念加以诠释所投射出来的。所以,你看到的是你自己想象的他,是经过你的眼镜过滤了的事实,不论你看到的他人是积极乐观的,还是消极悲观的,都是你在内心先看见自己的部分，然后在外部世界有选择地看见，那都是你潜意识的投射物。而他人看待的自己，则是处在另一个角度的自我认知，与你看到的总是有偏差。

人际关系的冲突，大部分来自于我们对他人的态度，这个态度就是我们如何看待他人，以及由此而散发出的身心能量，当我们把自己对他人的看法强加于他人时，冲突会不可避免地产生。过高的评价或者过度的打压，因为频道不对等而产生的冲突大都如此。如果彼此看到的角度一致，我们就会在某个层面获得一致的共鸣。

接纳他人的现状，就是愿意相信，一切都是没有问题的。每个人所选择的成长道路和节奏各不相同，每个人都在学习如何对自己的生命负责。因为个体的差异，我们彼此的成长只有参考性而没有可比性，接纳就是最大的信任和尊重。你相信在他人的成长节奏和过程中，所有事情的发生，都是为着他的成长而专门设计的功课，这些功课有时包括各种情绪痛苦以及重重障碍，我们能做的，只有守护和支持。

接纳自己当前的状态

现在的你没有问题，全然接纳当下的自己为最满意的自己，是让你从我执陷阱中得以解脱的一个重要信念。

你不能和我执打仗，我执也是你的一部分，我执是因为本我的存在而存在的，你如果决定要和我执斗争，其结果是更壮大了我执。就像魔鬼是基于天使而存在一样，你要是打算杀死魔鬼，那么天使也就不会存在了。你能做的就是看清我执的游戏，看清楚了把戏的内幕，它就会自动地消融和瓦解。你能随时提升对自己的满意度和接纳度,这是让真我苏醒的重要步骤。

经常对自己说:"我已经做得很好了,我对自己很满意,现在的我没有问题",我们对自己的接受度就会越来越高。

接纳自己的阴暗面

从"情绪制造痛苦"转化为"觉醒带来喜悦",就是无条件地接纳自己的阴暗面。

我执为了巩固自己的地位,获得更多的安全感和满足感,因而创造了很多的角色、面具,以及种种的限制和规则,这些阴暗面的角色包括:失败者、说谎者、背叛者、虐待狂、搞砸者,等等。阻碍我们活出喜悦人生的是那些阴暗面,那些我们一直在抗拒和排斥的部分,你越是对抗和否认它们,你就越是在持续地喂养它们,这样反而会壮大它们的影响力,让它们转变为爱的能量的关键,就是接纳,接纳它们也是你的一部分,如此,我们就从中解脱出来了。

现在,下一步是什么?

智慧取决于行动,而坚定地行动和拥有能量俱足的信心,就是有觉知地行动。

我执使我们活在恐惧和不宽恕的状态里,不能把注意力集中在当下对自己的满意和无条件地接受中,把注意力拉回当下时刻的最关键的语句就是:"现在为了我自己的幸福,我能够做些什么,使得未来不一样。"

无条件地接纳自己意味着不再否定、不再评断自己,也不再用各种我执的阴谋来攻击自己，尽管这些攻击会以各种各样的形式出现，层出不穷、花样翻新，你知道，这些念头是"野火烧不尽，春风吹又生"的，只要保持觉知和觉察就好，随时随地地观照，对每一个情绪，不管是积极乐观的还是消极悲观的情绪，不认同、不评断，也不否认，就是很好的改变。

未来是现在的产品。想要得到理想的结果，就得播种新的信念的种子，加上持之以恒的行动，在充足的信心中前行，这就是因果定律。想要美好的事情在未来发生，问题是之前我为达成这个事情而做了什么，是这些"行动"而不是"担忧"铺成了通往结果的道路。

宽恕是唯一的解脱之道

> 关于宽恕我还能学习到什么？我还能做什么？

宽恕是我们愿意选择相信爱，而不再拒绝爱

要真正从负面情绪的困扰中解脱出来，宽恕是我们的必经之路。就像阿里巴巴来到装满珍宝的山洞前，必须说出"芝麻开门"这句正确的暗号才能获得宝藏一样。宽恕的功课使得我们看到了很多原来被自己熟视无睹的真相，这个真相就是大部分人都活在恐惧里，而非活在真爱中。

我们很多人因为选择相信恐惧，由此而衍生出悔恨过去、担忧未来和拒绝接受当下等种种负面情绪。很多人都不愿承认目前

第八章
宽恕是唯一的解脱之道

的人生是自己在过去的岁月里，出于错误的信念和错误的选择所创造的结果。恐惧阻碍并限制了我们，它遮蔽了我们的双眼，使我们看不到人间的真爱。也就是说，我们一旦选择防卫和攻击，惩罚和自我惩罚，就是在恐惧的频道里而不是在真爱的空间里。我们很多人都是捂着自己的伤口小心翼翼地在人群中行走，他们浑身长满了刺，生怕有人触碰到自己的伤口，一旦有人靠近，防卫反击的警报系统就会自动响起。

宽恕使得我们有可能从更全面的角度来看待我们的人生，我们可以看到是自己当初选择相信恐惧而创造了现在的结果，改变的方向是，接受当前的人生结果是自己选择的，并且清楚地知道自己随时可以重新选择，我们可以选择相信爱，而不再拒绝爱。选择宽恕自己，放下过去，选择以爱的能量对待自己和世界。

同时，宽恕将带来了解，了解带来接受。人们常说的同理心，就是当你曾经在身体和心理层面有过类似的经历和感受时，你才能听得懂、看得懂，我们才会对身边的人有理解的态度和行为。当我们了解到，那些曾经伤害过我们的人，他们的内心也有很多的恐惧和担心，他们之所以选择攻击我们，是因为他们认为自己被攻击到了，或者认为进攻是最好的防守。同时，我们也愿意接受自己的恐惧和担心，我们就能放下过往的伤痛记忆对我们此刻和未来的影响，从此轻装上阵。就像苏格拉底曾经说的，成长不是我有话要说，而是听得懂，看得懂。

接受带来宽恕，宽恕就是爱。当我们能够彼此接受，彼此相爱，生命中的重负将一一消融，新的曙光将带领我们走向更广阔的天地。

宽恕是持续地重建信念系统

在一次工作坊的课程中，一位学员问我："为什么我总是会有痛不欲生的分离感以及一种水深火热的感觉？"我说："问问你自己，此刻你最想要宽恕的人是谁？"他停顿了一下，回答说"是我自己。那么，我要如何宽恕我自己呢？""无条件地接受当下的你为最好的自己。然后回到生命的源头重新认识和建立起你的生命价值。"

宽恕不是一个简单的原谅动作，而是重新建立我们的生命信仰和价值，它是一个全新的信念系统。这个信念系统的基础是，我们此生是为了学习爱而来，那么，所有不是爱的行为都是在寻求和呼唤爱。因为我们对于爱的一无所知，创造了对自己的伤害，因此，我们需要经由学习了解自己、接纳自己、爱自己，来学习"爱"这个此生最伟大的功课。

让我们从出生的起点开始回溯，一步步重新看待我们之前的选择，重新诠释每一个伤害事件，认出它们是我们此生选择要经历的体验和人生功课。

让每一个被遗弃、被伤害、被恐吓，甚至是被杀死的自己，在疗愈中复活过来，与现在的自己构建起新的联系与联结，那些重复出现的负面情绪就将土崩瓦解，我们的生命也会变得鲜活而完整。

宽恕就是我们重新审视过去的伤害事件对我们的正面价值，同时，释放掉一直以来积压的负面情绪，疗愈受伤的心灵，学习把有条件的爱转变成无条件的爱。这是一条通往宁静、喜悦的路，宽恕就是我们学习无条件爱自己的过程。

第九章 重写人生剧本

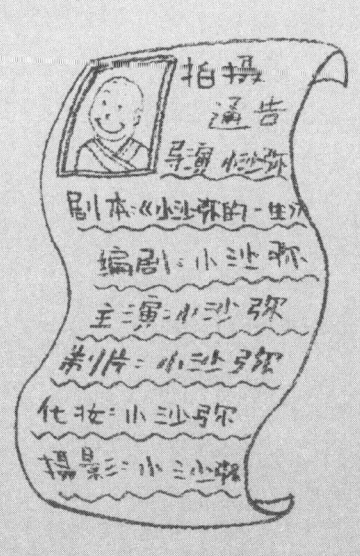

假如，好莱坞的著名导演斯皮尔·伯格先生现在打电话给你，他准备组织一个专门的制作班底，以你的人生经历来拍摄一部自传题材的电影，你希望为你的这部电影取一个什么样的名字呢？

千万不要以为这只是天方夜谭。事实上，我们在人生这个大舞台的痛苦和快乐经历，无疑就是一部精彩的电影。

> 真的吗？我可以导演自己的人生吗？我之前一直在做这件事情吗？我甚至都搞不清自己的角色啊？

你是导演和主演

前面已经提到，你的人生剧本（潜意识心智模式）在孩童时期就已经写下了基本框架，在其后的少年时期会再次被细化和强化，如此，剧本的基调是喜剧还是悲剧，是复仇题材还是浪漫的爱情题材，工作团队里的导演、编剧、监制、摄影、灯光、服装、剧务，演员阵容里的男女主角、配角、路人甲、路人乙，以及脚本的台词等并都已经完全设计好了，日后，我们就是比照着这个剧本在演出。

你是自己人生剧本的编剧、导演和主演，人生就是你自编、自导、自演的一出戏。这出戏中的很多重要场景，包括你会选择什么职业、你的兴趣爱好、选择什么样的伴侣结婚，是否有可能会离婚，都会受你自己所设计的人生剧本的影响，而这个剧本是在你很小的时候，透过你与父母或者家族长辈之间的互动学习而来的。

不过小时候，如果我们不依赖父母就无法生存，我们的很多需求也必须经由父母来满足，因此，我们的位置大都是处于被动和被分配的角色。

家庭里的角色在你出生之前早就已经分派好了。这就相当于你被邀请去一个剧组（家）报到，第一男主角（父亲）和第一女主角（母亲）都早已抵达剧组，而你只是一个配角（被出生的孩子），过了好多年，你才有机会搞清楚，你也有属于你自己的剧本。但因为人们都没有意识到这是自己的剧本，更无法告诉你，你所拥有的权利，大部分人只是稀里糊涂地在自己的电影里出演一个配角。

主角和配角

"站在窗口看风景的我，成了别人眼中的风景"，当你在看风景时，你也是风景的一部分。在别人的剧本中，你是配角，在自己的剧本中，你是主角，这两个剧本同时在上演，也就是当你和人们在人际关系中互动时，你既是主角又是配角。很多时候，我们人际关系中的麻烦就是这两个角色的错位所导致的。

第九章
重写人生剧本

湖南的一些地区至今还保持着一种习俗，有客人来家里吃饭时，家里的女人是不上桌的，她们躲在厨房里吃，只有男主人陪伴客人吃饭。当我被一个朋友邀请到他乡下的家里吃饭，第一次经历女主人在厨房吃饭这样的场景时，觉得很吃惊，那顿饭也吃得很不安宁。要知道，我当时的感觉是，如果主人的表情和表现都不自在，作为客人的我更是难以从容地和主人相处。

在你自己的人生剧本中，遇到重大抉择或是日常选择的时候，假如你总是随波逐流，允许别人替你做决定，而后又抱怨说自己受到了伤害，你就是将自己的主角身份拱手让人，在自己的剧本中沦为配角了。

如果说，前面一种情况是自我忽视的话，那么生活中还有一种喧宾夺主的情况也常常会出现。对于身边的亲人、朋友，以及那些特别亲近的人，当你干涉他们的生活、评断他们的行为、左右他们的选择和方向时，你就是在本该是配角的位置篡夺主角的权利了。

《我是谁》和《无间道》

成龙的电影《我是谁》和马特·戴蒙主演的系列电影《谍影重重》（又名《伯恩的身份》），选择的都是身经百战、训练有素，且具有超强本领的间谍故事，这种类型的电影都有一个共同的特点，主角会因为某个突发事件患上短暂的失忆症，而遗忘了自己本来的身份。他们就算是空有一身上天入地、无所不知、无所不能的本领，也会陷入英雄无用武之地，只能在迷茫和痛苦中不断追寻自己真实的身份。这些电影也正隐喻了我们很多人真实的人生经历，虽然我们有时候也会认为自己确实很有能耐并且拥有一身的本领，但是在对"我是谁"这个问题没有一个清晰的解答之前，我们的人生经历也将类似于电影中的故事情节。

当然，如果我们的成长方向只是为了向某个人证明、获得认可，并达到社会的某个标准，做他人认为的最好的自己时，你就是在把别人的期望和要求看得比你对自己的评价更重要了。这时候，你只是在扮演角色，你的身份就有点像间谍。这时，你的人生故事情节就像是香港电影《无间道》，其中刘德华和梁朝伟所扮演的角色都是在本行业领域内最棒的人选之一，他们越是深入自己的角色就越痛苦，也越来越远离真实的自己，当他们各自都想回头时，已经是积重难返了。

> 在我的一生中发生了许多的事情，我要如何理顺我的人生剧本？我该如何从中学习呢？

主要情绪创造外在的生命故事

如果把我们的生命故事拍成不同的类型电影，那将会有哪些：

1. 恐怖片（夜里被噩梦惊醒的你也许会确信，如果可以把自己的梦记录下来拍摄成电影，应该会比市面上的恐怖电影更叫座）；

2. 喜剧片（生活中总会有一些有趣、搞笑、甚至是出糗的事情让你笑得一直流泪）；

3. 冒险电影（这是男人生命成长经历中最喜欢的一些举动，就算是平时再胆小的男人往往也曾有过惊人的冒险之举）；

4. 成功者的励志电影（你总是能够从过往的经历中，找到令自己很有成就感的事情，不只是一件而是很多很多件）；

5. 爱情电影（初恋的感觉就是酸酸甜甜的滋味，每个人或多或少都会有些浪漫的爱情回忆）；

6. 战争电影（很多人相信人生就是抗争，人生就是战场）……

平时，我们观看电视剧或者电影也会有来自潜意识层面的无意识选择，这是我们内心信念在外在的投射和印证：

自怜的人往往会选择那些比较深沉的、充满苦难的电影或者电视剧，因为怜悯和同情心而与剧中的角色一起受苦、一起流泪；

深深爱着自己那些受苦经历的人总是能够从电影中找到悲剧的情节来重温自己的痛苦记忆，并且永远活在这个幻象里。其潜在的台词是：这个世界没有真爱，我也不相信人间有真爱；

有暴力倾向的人会选择战争电影和动作电影，这样可以借助外在的暴力美学来宣泄自己压抑已久的负面情绪；

渴望被爱、被呵护的浪漫女生往往会选择纯美、纯情的爱情电影，梦幻般的情节、王子和灰姑娘的爱情故事，折射出其内在渴望被人呵护、被拯救的潜在心理需求；

个性倔强的女生会为了显示自己的男孩子性格，什么都不怕，会选择在半夜看鬼片，在潜意识认为，对抗邪恶势力是我应有的责任；

富于哲学性思维的人会倾向于逻辑严谨的杀手电影、设计奇妙的神偷电影和环环相扣的谍战片，这是对自己引以为荣的高智商的一种印证。

每天只放映同一部电影的电影院

在风景秀丽的江西庐山有一座著名的庐山恋电影院。在这家电影院，每天从早到晚只放映《庐山恋》一部影片。据统计，从1980年7月12日《庐山恋》电影在庐山恋电影院首映，截至2009年，《庐山恋》在这家电影院里共放映了6300余场。《庐山恋》放映20周年之际，上海"大世界基尼斯"总部曾颁给该片"在同一影院放映场次最多的单片"称号。

很多人的人生经历如果是一部电影的话，就有点类似于庐山电影院，主要的情绪和主要的角色不断地重复上演，也就是说，虽然我们人生的跨度可能有很多年，但"你的电影院"，每天从早到晚可能也只是在重复播放着同一部电影而已。

人生剧本的类型

如果以负责任和不能负责任来给我们的电影分类的话，可以分为：受害者的电影、责任者的电影、从受害者转变为责任者的电影。

第一类是受害者的电影

《祥林嫂》就是典型的受害者电影，电影里最经典的台词是：我真傻！我只知道冬天的时候有狼，我不知道春天的时候也有狼，我叫我们家阿毛出去剥豆子……我真傻！我只知道冬天的时候有狼，我不知道春天的时候也有狼，我叫我们家阿毛出去剥豆子……

在这样的电影故事里，我们总会不断地讲述自己那无辜的受害者经历。受害者在剧本中的演出大都是被动的、被迫的、不得不去做的，充满了种种复杂的负面情绪和痛苦，其最大的特点是"我是被迫的"、"我是没有选择的"、"都是他们害的我"、"我是无可奈何的"、"我真傻，我真笨"、"我真后悔"。

一味沉浸在过往那些受伤害的事件或回忆中，只会让我们变得唯唯诺诺、扭曲而惶惶不可终日，最终以悲惨的结局来印证自己的受害，也同时失去了从中学习经验、了解自己和实现自身生命潜能的机会。

第二类是责任者的电影

好莱坞影星罗素·克罗（Russell Crowe）主演的电影《铁拳男人》，是根据真人真事改编的。

故事讲述的是：

在美国30年代经济大萧条时期，有将近四分之一的美国人陷入了失业的困境。穷困的前职业拳击手詹姆斯·布拉多克，也因为受伤等一连串的厄运而无力支付牛奶、煤气和电费的账单，家庭也陷入了难以为继的窘迫之中，他在码头的搬运工作远远不够家庭的开支，为此他不得不排队去领取国家救济。即便是这样，他仍然没有抱怨国家、抱怨政府，深爱着他的妻子也从未埋怨过他。在内心深处，他们从未放弃过自己的信念，在爱、荣誉和不可思议的力量的支持下，拳击是唯一能够挽救家庭经济和赢得尊严的机会，在经纪人的帮助下，他再一次站到了拳击台上，顽强地战胜了一连串的对手，令人没有想到的是，他居然因此成为一代拳王。

在战胜了这些实力比自己强的对手后，布拉多克终于重新振作起来。而他用比赛奖金做的第一件事让所有人都肃然起敬，那就是他先偿还了政府的救济金。他的无私行为赢得了国人的尊重和崇敬，由此得到"绅士吉姆"的美誉。

詹姆斯·布拉多克奇迹般的成功，创造了美国拳击史上翻天覆地的一幕，举国上下都在谈论着他的胜利。他的成功也在提醒世人，只要有顽强的信念，穷困潦倒的人不仅可以生存下去，而且可以成为世界上最伟大的人。

第三类是从受害者转变为责任者的电影

茱莉亚·罗伯茨主演的《永不妥协》，也是根据真人真事改编的电影。

埃琳·布罗克维奇是一位高中时期就辍学，离过两次婚并拖着三个孩子的单身母亲，没有钱和专业技能，没受过正规教育，当交通事故发生时，她早已经是身无分文了。走投无路的埃琳不得不到自己的辩护律师埃德的事务所打工度日。抱怨、愤怒和讲粗口是她最常见的发泄方式。一天，埃琳偶然在一堆卷宗中发现了一些十分可疑的医药单据，在埃德的支持下，埃琳深入调查，发现当地社区内隐藏着重大的环境污染事件，而居民们对此并未察觉。在提起诉讼的过程中，居民们逐渐被埃琳的真诚和坚持所打动，终于联合起来对抗那家造成污染的大企业，埃琳也成了他们最值得信任的朋友。在多方的努力和帮助下，居民们终于得到了赔偿，并创造了美国历史上同类民事案件所获的赔偿金额之最。埃琳也因为在这次官司中的杰出贡献,而获得了一笔丰厚的佣金收入。

埃琳用无比坚韧的精神向人们证明了,一个弱女子的价值和力量。当受害者决定站起来勇敢面对人生时,她完全可以转变为一个有力量的责任者。

在一次工作坊的研习中,我有机会与另外两位男士一起做讲述童年故事的练习。

老师的第一个要求是,故事一定要讲得越凄凉、越悲惨越好,我们小组的三个人拿出了全部力气来认真地讲述自己悲惨的童年故事。当我讲述自己的故事时,感觉自己的童年比高尔基的童年还要更悲惨、更苦难。等我们三个人都讲述完了,老师又下了一个指令,请用喜剧的表现方式来诠释你刚才讲过的童年故事,我们三个又很认真地讲述了一遍,这一次大家一直说到笑岔了气。第三次,老师的指令是:请你从一个成功者的角度、从励志的角度来讲述你童年的故事。可想而知,我们三个大男人突然之间又变得何等的豪情万丈。

当我们都讲述完这三轮故事时,才恍然大悟:原来,如果我们之前一直不断地向身边的朋友讲述我们的心碎故事的话,就会在生活中不断看到这些故事和继续重演这些故事。我们的故事也就是我们对自己生命的信念和看法,也就是我们所相信的生活方式。如果我们可以换些不同的角度来看待同样的故事,就会产生不同的感受,对自己也有了新的认识,自然也就获得了选择新方向的力量。

反复地从不同角度讲述你的人生故事的目的是，当你觉知到自己可以从不同角度去看待同一件事情时，你就会从那个事情的固有情境中解脱出来，而不再被那个情境中所产生的情绪所控制，随即你也就有可能放下那些让你受害的、带来负面情绪的故事，从而有力量来选择那些具有正面能量的故事，那些你真正想要的故事。

当然，我们常常会在受害者故事和责任者故事之间反复，当负面情绪出现时，接受自己，同时坚持在正面情绪和负责任的态度里做真实的自己。

> 人生剧本总是在不断地上演，我在自己的各种角色中该注意些什么？我要以什么样的心情导演我的人生，生命才能更开心自在呢？

你在扮演角色，但角色不是你

俄国著名作家契诃夫的小说《装在套子里的人》，用讽刺手法塑造了一个保守、反动、扼杀一切新思想的"装在套子里的人"的典型形象。这个形象从外表、言论到生活习惯、思想方法，无不是"套子"式的。他不仅自觉地生活在"套子"里，而且还要把周围的一切都装在"套子"里。

在我们的生活中，很多人也会觉得活得累，那大都是因为穿着角色的外衣在努力扮演着这些角色。让我们累的是心，因为，你每天都不得不穿着太多层的外衣、带着许多层的面具在人群中出现。请想象一下，此刻，你沐浴完从浴室里走出来，进入一个大大的衣帽间，衣帽间里挂着很多套衣服，这些衣服是各种角色的外衣，你开始选择自己今天要扮演的角色，并将那些角色外衣一一穿上，然后才出门。

那些优秀的职业演员们最能理解"身体不是我，情绪不是我，角色不是我"这句话的真正含义。当一个职业演员离开了自己的家来到片场出通告，他在化妆间和服装间里就已经开始准备饰演导演分派的角色了。当片场的灯光、音响、摄影、场记等各部门准备妥当，随着导演的一声"开始"，演员本人消失了，出现在摄像机前面的是那个角色的表演。如果我们还能从角色身上看到演员的影子，我们会说他是在扮演角色或者是本色出演，而有很多的杰出表演艺术家和电影明星，在他们接戏之初，都会为自己所扮演的角色做大量的功课，并和导演充分交流自己对角色的理解，而之后，他们的出演就是在"我就是"的状态，这时我们看到的就是演员与角色的合一状态，这样的创造和表演，往往会给观众带来心灵的震撼。

无论演员在银幕和荧屏上演绎了多少角色和人生故事，他在离开剧组回到自己的家里之后依然还是他自己。如果他把角色带回家了，那么，他就是入戏太深，没有从角色里面出来，那将会造成角色与自己真实身份发生冲突的痛苦。

有一天，英国女王伊丽莎白因为参加应酬很晚才回到家里，她想要向丈夫道歉，却发现卧室的门紧闭着。女王站在门外敲门，丈夫问："是谁啊？"女王回答："我是女王。"丈夫没有开门。她停顿了一下又敲门，丈夫又问："是谁啊？"女王回答：

"我是伊丽莎白。"丈夫还是没有开门。伊丽莎白女王似乎意识到了什么,最后,她温柔地回答道:"亲爱的,我是你的妻子伊丽莎白啊。"听到这话,丈夫才打开门了。

在上面这个故事中,女王有三个身份角色:女王、女人和妻子,丈夫只能接受妻子进入他的房间,所以,当她说自己是女王和伊丽莎白时,那是她对自己当前的角色认知有误,就相当于人们把工作带回家里做一样,丈夫自然会表现出他本能的拒绝。只有在她说出的身份和此情此景一致时,事情才会变得顺利。

生命中有很多的身份和角色,当这些角色错位的时候,就是我们遭遇尴尬之时。想象一下,如果你去打高尔夫球,一定会穿着专门的球服、带上专门的球帽、穿上高尔夫球鞋;你若是去击剑,一定会换上击剑服、击剑鞋以及护具;你如果身处游泳池,肯定是穿着泳衣、也许还带着游泳眼镜。但是,假如你穿着泳衣带着游泳眼镜出现在高尔夫球场,身穿打高尔夫球的服装出现在击剑场上,身穿击剑服出现在游泳池里,那可就乱套了,人们会认为你大脑的某个部分出现了状况,这就是角色的错位。事实上,在我们的生活中,也经常会出现这样的角色错位和执着。

你若是开车出行,你就是驾驶员,要接受交警的管理;你若是乘坐巴士或者地铁出行,你就是乘客;到了公司,你是职员,给合作伙伴打电话时,你也许是他的上游供应商;回到家里,你是孩子的父亲、母亲、丈夫的妻子或妻子的丈夫。如果,你只是穿着一件角色的外衣,出现在各个不同的场合中,那就很容易出现角色错位而引发冲突。

第九章 重写人生剧本

在我和儿子的交流中至少有三个角色和身份：朋友、父亲和老师。我也是花了很长时间才搞清楚什么时候，该以什么身份说话。

作为父亲的我与孩子的最佳交流是从朋友的角度切入的。我们最喜欢的交流方式就是每隔一段时间就进行一次属于我们俩人的斯诺克台球比赛，打球时，我们是球友，只是分享打球的感受和体验精彩进球的乐趣。打完球了，我总是忘不了要叮咛几句。这时，我的角色就转化为父亲了。我会这样跟儿子说："现在，作为你的父亲，我必须要说的话是……"这样的交流使得我们之间的沟通很清晰、流畅，少了因为暧昧、不明确所带来的不必要麻烦。有时候，如果我在教导者的位置说太多的话，儿子就会和太太联合起来指出我是在学唐僧念经了。

我们在生命中所出演的那些身份和角色，父亲、母亲、妻子、丈夫、上级、下级、同事、朋友、成功者、失败者，等等。他们都是你出演的剧中人物，那些角色是你也不是你，而始终不变的是你的内在心灵，那个宁静、喜悦、平安又充满无条件爱的本我。

人生战场、竞技场、生命学校、游戏场

我们曾经这样看待自己的人生剧本：人生是一个战场。

把人生看作是一个战场的人，会有如下的信念：

我必须很努力才能得到想要的一切，我必须要打拼才能证明我的价值；

我一定要在30岁之前获得彻底的成功；

我必须努力打拼才能赢得生存的一席之地；

最大的敌人是自己，我一定要战胜自我；

秉承这样的人生信念的人，每天都在打仗，每时每刻都在战斗，你不可能用你的左手打自己的右手，同样的，你也不可能战胜自己，你只能学会和自己和谐相处。

人生是一个竞技场。

你时刻在和人比赛、比较。在学校时和成绩表现最好的同学比，和那些生活条件比自己优越的人比；参加工作了，和同事、上司比业绩、比待遇；结婚成家了，和人比房子大小、车子的高档与否、老婆的漂亮程度、度假地的远近。只有当你在某一天觉得哪里不对劲时，才会觉知到，这样的比较为我们的人生目的选择了一个错误的参照物。

现在，我们可以选择这样看待我们的人生：人生是一所生命学校。

我们所熟悉的从小到大看了无数遍的《地道战》、《地雷战》、《奇袭》，当初人们拍摄这些电影的初衷是要把它们作为军事教学电影之用，而公映时才发现原来观众朋友都喜欢看这些教学片。

你可以把自己的人生当做是找寻爱的源头，实现人生成就，体验生命奥秘的一所学校。这个过程中的每一个障碍和情绪，都是我们需要学习的功课。当我们了解到人生是一段学习的旅程，我们是来学习认知并更好地使用自己的生命时，一草一木、一事一物都可以成为我们的老师。

人生是一个游戏场。

包括"庄周梦蝶"在内，很多先哲都用寓言、故事等形式来告诉我们，人生是一个春秋大梦，既然你可以做噩梦，你当然也可以做美梦。

第九章
重写人生剧本

人生可以是一场很好玩的游戏，游戏的程序和内容都在你的掌握之中。当你觉知到自己拥有全然的选择权和自由意志，你的生命意义完全是由你自己来定义的，这个时段的电影剧本就有可能是喜剧片和贺岁片。当我们来到这个赢回选择权的位置，我们就可以开始有意识地显化出生命本来的智慧和爱的光芒。

在静心和爱的品质中，你在生理上可能会逐渐地变老，但你的心理却可以返老还童。那么，只要你依然还带着孩童般的纯真和好玩的心境，你所做的任何事情，都是你在人间最棒、最享受的游戏！

> 如今，我了解自己过往的人生剧本了，那当中有许多情节都是我无意识创造的，现在，我想要不一样的人生剧本，我要过不一样的人生，我能做什么？

重写人生剧本

大多数超级电影明星在他们没有成名之前，都出演过很多的龙套和配角，甚至演过很多的烂片。

心灵成长的一个关键步骤，是我们愿意接受自己过往上演过的烂片，那些令我们出糗的事情、尴尬的事情、羞耻的事情，"是的，那是我曾经演过的戏！"、"那是过去的我，但不是现在的我"，当我们能够完全地相信和接受那些让自己难堪的烂片都是自己在无意识中的选择所导致的错误时，我们就有了修正的机会，从而赢回自己失去已久的选择力量。

现在，你将不再仅仅屈从于自己无法选择的角色，或者是那些别人分派给你的剧本和角色，你还可以选择自己所喜爱的故事重新上演。

你可以随时修改你的剧本

在电影界，即使电影已经发行和上映了，作为制作人的导演仍然有权利对自己的作品进行修改。同样的，此刻你的人生故事也正在进行中，如果你觉得效果不够理想，就可以根据自己的意愿来修改剧本。

想象你的人生故事就像在电影院里放映的一部电影，当你不喜欢银幕上的故事和情节或者不喜欢那些演员时，你可以做的事情是：

一、要求换一部你中意的电影播放；
二、亲自到放映室剪辑新的片段；
三、重新组织拍摄新的画面；
四、重新编写剧本，重新拍摄一部新的电影。

生命的旅程本来就是你自己选择的故事和剧本，你可以自己一个人玩，也可以邀请别人到你的剧本里担任一个角色，但关键是你要清楚地意识到，你有权利和自由随时修改你的人生剧本，同时，你对自己的人生剧本也负有完全的责任。你是导演，你说了算。

第十章 自我展现与自我实现

在美军的一个海外军事基地，有一位少校最近出了点问题。

每天早晨起来，他的勤务兵会递给他头一天的情况报告，他拿到报告后总是说同一句话："不是这张纸"，然后就顺手往地上一扔，勤务兵觉得奇怪，捡了起来，明明就是这张纸啊，怎么少校说不是这张纸呢？

周而复始，基地的人没有办法，只有向上级报告。上级得知这一情况后马上派心理医生给他治疗，心理医生的诊断结果是此人因厌战而产生了忧郁症，这极有可能会妨碍以后的军事行动，无奈之际，上级只有以一纸退伍通知书打发他回家。

当勤务兵递给他退伍通知书时，少校开心地说道："嗯！就是这张纸！"

清晰地知道自己要什么、真的要什么，是使我们减少和消除负面情绪的一个关键。

换言之，那些在情绪的痛苦中，被困扰和迷惑的人们，大多数时间都是出于不清楚自己究竟想要什么，而不断给自己制造了很多麻烦。

> 我想要房子、车子，我想要成功，我想要好多好多钱，我还想长生不老，嘿嘿，我该如何确定哪些是我真的需要的呢？

你到底要什么？

我们往往是通过与他人的互动，来搞清楚自己的人生真正想要什么的。

在人生中，有些是你被迫要的，即便你不想要，但又不得不要。还有一部分是你以为自己要的，但其实是别人认为你应该要的。我们在生活中要什么，就直接决定了我们的行动，行动就产生了结果。比如，在亲密关系中，很多人在结婚之后才发现，自己对恋爱竟然一无所知，也因此才会发出感叹说：初恋时我们不懂爱情。

在生命的各个阶段，我们要的东西不一样。青春期，我们要的或许是一段如火如荼的爱情，而在中年时期，我们要的却是事业稳定和家庭和睦。

当我们所要的东西与我们所相信的人生价值观和生命信仰一致时，我们就是快乐与和谐的。如果有冲突，那说明我们的选择偏离了轨道。这个选择不是偏离了你的大方向就是与当下情境不一致。

无论我们要什么，最重要的就是——如果有一天，拿走所有你拥有的东西，你的内在依然充满着爱、宁静与喜悦，那表示你已经找到人生真正需要的东西，任何人或事都无法带走你的快乐和自由。

生命中最重要的

我们可以通过以下几个问题来找出自己在生命中究竟要什么。

这几个问题是我在 8 年前参加博恩·崔西的心理研习会时曾经做过的，或许你也曾经看到过或者回答过，没关系，在不同时期，给自己机会来再次确认一下这些问题。

1. 你的生命信仰，或者你的价值观是什么？请列出你认为生命中最有价值的五件事情，并按照它们的重要性排定先后顺序。

生命信仰是指你不一定要信仰某一个宗教，但至少你会相信人间一些美好的真理，比如，相信爱、自由以及和平。我们的生命信仰和价值观是自己安身立命的行动指南，我们的自我价值和目标都是出自我们的信仰和价值观，当我们的目标与信仰以及价值观相吻合时，我们就走在言行合一的真理之道上，快乐是我们一路上的主旋律，而丰富的精神财富和物质财富将是此行的附加价值。

大部分拥有成功、平衡和喜悦生活的人们都很清晰地知道自己的信仰、信念和人生价值。知道自己所选择和相信的是什么。成功来自于清晰地知道自己要什么，并且能付出一定的努力和果断的行动来达成目标，不成功则是出自暧昧和犹豫不决，不确定自己真的要什么。

所以，问问自己，我的生命信仰是什么？我的价值观是什么？我生命的价值和意义在哪里？我相信的是什么？透过这些问题，我们将逐步地把自己的行动和追求的目标调整到一致，这样我们就能保持愉悦的心情行走在正确的道路上。

2. 如果你今天到医院检查，医生告诉你，检验结果是你的生命只剩下六个月时间了，你打算如何度过这最后的六个月？你会马上计划去做些什么事情？

这个问题可以使你迅速地思考并且确认，在你的生命中什么是最重要的。它可以帮助我们检视出那些我们渴望得到却一直没有付诸行动的事情，并了解阻碍你付诸行动的原因是什么。某些事情如果你现在不做，可能以后也不会再有机会去做它了。

这个问题也将检视出，我们目前的生活方向是否与只有六个月生命的生活方向一致。因为，你永远也不会知道，生命中最后的六个月究竟是从哪一个具体时点开始倒计时的。我们该从哪一刻起，开始勇敢追寻生命中最重要的事呢？

3. 如果你今天中了500万的福利彩票，你打算如何花这些金钱来改变你的生活呢？

这个问题将帮助我们看到，我们是否因为在金钱方面的匮乏感而压抑了自己的一些需求，你是在为金钱工作还是在为乐趣工作？早年的流行歌曲《我想去桂林》唱的是一个想去桂林旅游的人的矛盾心态，他有时间的时候没有钱，等他有了钱想去旅行了，但是又没有旅行的时间。假如你有充足的时间和足够多的财富，你的行事风格会和现在有什么不一样的地方？你的生活会在哪些方面有新的改变？你准备从什么时候开始这些改变？

4. 请你写出你自己拥有的最重要的三个人格特质？你认为哪三个人格特质是你之所以区别于其他人的地方？

这个问题帮助我们看到，我们在人群中的自信和价值，是通过我们展示自己与众不同的优秀特质来实现的。当你在自己的独特性上越来越有创造力的时候,你会由一个受害者转化为一个创造者和分享者,能够给予的人是富有而又充满力量的,人们不但可以感受到你的愉悦轻松,同时还能接收到你充满爱心的开放和接纳。

5. 在你的工作和生活中,做什么事情会让你觉得自己很重要并充满了乐趣?

这是找出你的卓越领域的关键问题,只有在你热爱的领域,在你觉得自己非常有价值并且非常重要的领域才是属于你的大舞台,在那个舞台上充分地展现和实现你自己,你才能从优秀到卓越,并充分享受自己的创造。

6. 假如你知道自己绝对不会失败,并且拥有可以任意支配的充沛资源的话,你最渴望达成的伟大梦想是什么?你想达成什么事情或者最想成为什么人?

这个问题帮助我们检视,我们是否真的一定要这个目标,我们的内心到底有多渴望得到这件事情。问问自己,如果你真的想要实现这个梦想的话,从现在开始你就可以着手做一些与你的梦想相关的事情来靠近你的目标。如果你有非常强烈的渴望,并且加上持之以恒的努力,总有一天,你一定能够实现自己的美好愿景。

以上这六个问题,可以使我们在很短的时间内整理清楚究竟哪些事情是我们真正要实现的生活目标。建议你每隔一段时间就做一次这样的练习,一直等到你可以很快、很清晰,又很具体地回答出每一个问题,哪怕是从睡梦中唤醒你,你也能迅速回答这些问题为止。

自我价值决定生命成就

> 当我确定了自己想要的真正目标,什么能够帮助我达成胜利?

自我价值的建立

自我价值决定你的生命成就。自我价值的不断提升能保证你实现目标的进度。

我们很多人的自我价值都是建立在他人如何看待自己之上,因而造成了我们过往的种种受伤害的经验和由此而生的情绪。一旦我们能确切地知道,是我们做了错误的选择才导致自己目前存在的困境,我们就能解决这些问题。自我价值决定我们要以什么态度来面对我们的人生,而态度是我们对外在事物的一种反应方式。自我价值就是你爱自己的程度,就是从有条件的爱到无条件的爱的过程。自我价值来源于你如何看待自己的生命。

我们必须更加清楚地认知到,没有人爱我们胜过我们爱自己,也没有人可以伤害我们,除了我们自己。正确的自我价值是不再外求,转而注重自己的真实感受,诚实地面对自己。没有人能够代替我们来爱自己,就算是我们最亲近的父母和伴侣的爱,也只能起到守护和支持的作用,而最关键的部分——无条件地接纳自己、与自己完全在一起,无条件地爱自己,这是一件必须由我们亲自完成的工作。

爱是无条件的接纳——我要如何爱自己

爱自己的第一步是：停止自我谴责和自我攻击

在成长过程中，造成我们最大的心灵伤害的，往往是来自我们生命中最重要的人的破坏性批评。自责——就像鸵鸟把头埋在沙堆里，只是以为人们看不见而已——往往是我们最快速的自我逃避方式。自我谴责和自我攻击只会让我们更没有价值，自我价值更加低落。

爱自己的第二步：做个改变的决定

做个改变的决定来了解自己的未知部分，承认自己在如何爱自己的方面是需要学习和成长的。觉知到自己的不足并且知道前进的方向，就不会害怕路途遥远。

爱自己的第三步：肯定自己、欣赏自己、赞美自己

肯定自己——就是随时确认当下所做的和所发生的事情，是自己选择并享受的，同时，对自己说，我已经做得很好了。

欣赏自己——就是做每一件小事都保持全心全意和善始善终的状态。这种状态会帮助自己建立更多的自信心和成就感，从而使我们的注意力逐渐从对过往的悔恨和未知的担心中脱离开来，而习惯于活在当下。

赞美自己的一个方式是用白纸黑字的方式，写下你过往的成

功事件和你觉得幸福的事情，刚开始我们可能写不出多少，但慢慢就会越写越多，然后，你就会对自己有更多的兴趣和热爱。我把这个动作命名为"数算自己的恩典"。

另外，持续地对自己说："我喜欢我自己，我爱我自己"，你会明显感到自我价值开始提升。而当你的自我价值越高时，你对他人的赞美和欣赏就变得更真诚、坦然，不再显得牵强和虚伪。只有你给予过自己的东西，你拥有的东西，给出的时候才是分享和祝福的能量，那是一种自然的付出，没有索取也不求回报。

爱自己的第四步——宽恕自己

宽恕是一个不需要与他人实际互动就能完成的系列信念和动作。

当我们愿意宽恕自己在过往所犯的错误，宽恕自己乃至宽恕他人时，我们就会了解到"宽恕是通往天堂的唯一道路"这句话的深刻含义。当宽恕成为你这个阶段的功课时，要恭喜你自己，这意味着你的自我认知进入了一个更棒的层次，意味着你愿意接受自己和他人都是不完美的事实，宽恕自己、宽恕他人也就在你和他人之间建立起了一个平等的桥梁，没有骄傲也没有自卑，只有谦逊和带着爱心的彼此欣赏与接纳，随着越来越回归你内心的心灵家园，你也将逐渐赢回自己的内在力量。

爱自己的第五步——成为那个最好的自己

首先，在人群中找出你的榜样和模仿对象，你所尊敬的人或是喜欢与仰慕的人，那些人身上吸引你的闪闪发光的人格特质，其实你也都拥有，只是隐藏在你的表象背后。这时，需要我们挖掘自己心灵的宝藏，将这些特质重塑出来，然后彰显它们，使之成为我们生命中新的亮点和奇迹。

成为自我生命的掌舵者

> 除了全然地爱自己，还有什么能带给我无穷的力量？

赢回生命的主动权

没有选择使人绝望，拥有选择带来希望。选择权带来力量。

选择，是你清楚地知道自己要什么之后再去按的一个按钮，一旦按下这个按钮就启动了一个新的决定。赢回真正的主动权，必须回到生命的起始点来重新审视我们的生命意义，疗愈并宽恕自己，进而回归正确的航线。

我们很多人都是活在外在的评价里，为了得到你最在乎和最看重的人的认可，特别是得到父母的认可和赞扬，我们努力成为他们所希望的样子。你一直都在奋斗和拼搏，但别人的标准时刻在变化着，你发现自己总是在追赶着什么或被什么驱赶着，这使我们在过往的人生中不断受苦。

如果我们把迷失的自己比作被打碎的瓷器碎片的话，我们寻找真我的过程，就是做拼图的过程。首先，我们要找到最大的那块瓷片，也就是先建立你的自信，建立起你在人群中的自我价值，这个自我价值使你开始看重和欣赏自己，开始尝试着了解那个未知的自己，学习如何爱自己。爱自己显然并不只是给身体吃好、喝好、玩好，而是从心理和心灵层面给予自己更多的接纳与爱护，透过有意识的腹式呼吸更多地建立与自己内在身体的联系。然后一片一片的把各个层面的真我拼接起来，慢慢的你会认知到，除了社会赋予你的角色，你还有很多不同的角色，然后再逐渐认识到，这也不是完整的你，在这些角色后面还有一个更真实、更俱足的你。看到更多自己的面貌，我们对生命的掌握和自己在生命中的自由度也就更大。

找寻生命的意义，就是去寻找迷失的自己和认识那个未知的自己，而真正的我一直都在，从来没有离开，他在等待我们具备了足够的觉知和智慧时，去亲身体验真实的自己。

从副驾驶回到正驾驶的位置

生命的驾驶舱有两个座位：一个是主驾驶位置，这是责任者，责任者充满了主动性和创造性，责任感就是一种驾驭感，这种感觉创造我们在限制中领受到的内在自由；另一个位置是副驾驶位置，这是受害者的座位，受害者创造被动和无可奈何的感觉，这种感觉使我们陷入更大的限制并加深我们受到的苦痛。

从副驾驶回归到正驾驶的位置，是我们赢回生命主动权的重要步骤，你需要从一个无意识的受害者回归到一个责任者的位置。

从受害者转向责任者——百分之百的责任原则

回顾过去几十年的人生历程，我发觉自己一直都在学习如何对自己的生命承担起全部的责任。如果我的生活中出现了麻烦、冲突，那基本上是我自己因为害怕而逃避的责任或者不能负担的责任部分所导致的。百分之百的责任原则，就是愿意承认和接受自己过往的人生结果是自己的选择所造成的，同时承诺——对自己从今往后的选择负全部责任。

如果事情是这样，那就是我的责任。

我不选择，我抱怨

在人群中，我们经常可以见到这样的人，当你向他们征求意见时，无论是问他去哪里吃饭，点什么菜，还是关于工作需要而做出的一些抉择，他们的回答总是只有两个字，那就是"随便"。但是，当结果不如他/她的心意时，他/她就开始抱怨了，这就是"我不选择，我抱怨"。他们往往害怕作决定，也不敢作决定，因此把决定权交了出去，而与此同时，他们却保留了一个抱怨的权力把柄。这样，当事情出现不如意或者不成功的结果时，他们的抱怨就显得理所应当，而那些代替他们作决定的人也会因此觉得很沮丧和无奈，没有成就感。

我选择，我抱怨

在生活中，我们常常还会看到这样的人，他们会主动选择，但是选择过后又会落入抱怨的情绪里。有的人选择了婚姻，但是会不断抱怨伴侣的不是，有的人选择了工作，但是会抱怨上司和同事。他们总是在选择，也总是在抱怨。

当我们开始学习选择自己想要什么并且勇敢实践这个愿望

时，总是会出现犹豫不决或者思想与行动的脱节，也就是言行不一致的时候，这时旧的习性依然会出来作怪，并产生自责、怀疑或者抱怨。当我们觉知到这一点的时候，对自己的抱怨说声对不起，然后再做一次正确的选择。

我选择，我负责

几年前的一天，正在读高三的儿子对我抱怨说："读书没有一点快乐可言，我不想再读书了。"我对他说："我完全理解你的感受，我也曾经有过这样的困惑。我可以接受并尊重你的选择和决定。你现在有两个选择：第一：如果读书让你觉得很不快乐，从明天起你就可以不去上学了。但如果你不上学了，你还是需要去选择一件让你快乐并且能养活自己的事情来做；第二，从你现在的学习中去找到那些让你有兴趣的功课，从中发展出你的乐趣，继续升读大学。当然，无论你选择什么，一旦你作出决定，你就要对自己的选择负责任，并且要清楚地知道，你必须全盘接受你的选择所带来的结果，对这个结果负全责而不要事后抱怨。"

他在听了这番话后，默默地考虑了一个星期，最终决定继续上学，并且选择了自己喜欢的专业作为努力的方向，在邻近高考的好几个月里，他开始废寝忘食，并全力以赴地发奋学习，终于在高考中创造了一个奇迹。他的成绩从原来在全班的 26 名一跃成为全班第 5 名，同时如愿以偿地考取了自己理想中的大学并选择了自己中意的专业。

这个世界有一个 10∶90 原则，即 10% 的主动者和 90% 的被动者原则。大多数过着成功平衡的人生的都是处于 10% 的主动位置并且能够主动行动的人，他们对自己生活的自我掌控度比较高，因而满意度也就比较高。而90%的人都是被动型的人，被动就容易失去主动的自我掌控感而使我们变成了受害者。如果我们选择了由他人替自己作决定，我们就要接受这样做实际上是在交出我们的选择权，接下来结果无论是好是坏，我们都必须无条件接受，这也是责任者的原则。

卓越领域与天赋使命

> 现在，我已经准备好出发了。去绽放我的生命潜能，创造更精彩的生命体验，我该从哪一步开始呢？

钻石牧场——找到你的卓越领域

有一个非洲农民，为了寻找钻石，他卖掉了自己的牧场。然后，他出发前往非洲各地区寻找钻石。结果是，他一颗钻石也没有找到。在经过了多年的挫折和失败之后，他在伤心、失望之际选择投海自尽结束了自己的生命。

与此同时，另一位农民买下了前面那位农民的牧场，他发现这个农场实际上遍地都是钻石，只是这些钻石在未经切割和打磨之前，看起来只是一些普通粗糙的石头。那个跳海自尽的农民至死也没有明白，他在到处找寻的钻石之地其实一直就在自己的牧场里。

你的钻石牧场就在你的脚下，那些钻石就是你未被开发的潜能。如果没有给予它足够的注意，你一时还看不出它们的真面目。你的天赋才华和卓越领域就是其中最大的一块钻石，你的任务就是去发现它们，然后充分地对其加以利用。

从以下方面可以找出我们隐藏的卓越领域：

兴趣和爱好——在做什么事情的时候，你总是自我感觉很好并且乐在其中。就算是人们不给你钱，你也愿意做。做这个事情，可以给你带来满足感和快乐。只有在你感兴趣和热爱的事情上，你才能有卓越的表现。

注意力——哪些事情会特别引起你的注意力呢？什么事情抓住了你的注意力？每次在你谈论它们的时候，你都是眉飞色舞、津津乐道。

吸引力——哪些事情是你最容易接受和欣赏的？哪些人是你最喜欢和尊敬的？哪些职业是你所喜欢和经常谈论的？你强烈渴望自己能够成为哪些方面的专家？

成就感——到目前为止，你获得的大部分成功和幸福感觉都来源于你曾做过哪些事情？

轻易和自然——什么事情你做起来最自然，也最轻松？似乎你天生就会做这个，这些方面的事情对于你来说，一看就懂、一学就会，并且你能轻易取得优异的成绩和表现？

最大的那条裤子——贡献你的天赋才华

在我曾经带领的团队训练中，当两天的训练即将结束时，学员们一般都会表现得情绪高涨、自信满满，觉得自己能够挑战任何难度的项目。这时，身为教练的我将更大程度地挑战他们的潜能：

"我们的团队棒不棒？"

"棒！"

"我们的能力强不强？"

"强！"

"我们还可以做得更好，对不对？"

"对！"

"接下来，有一个不可能完成的任务，你们敢不敢挑战？"

"敢！"

于是，我交给他们以下这个任务。

在100米范围的一端放着两个120立升的塑料水桶，一端是水塘或者水源，学员们必须承诺在限定时间内，为指定容器装满水。他们拥有的资源是全体学员本身以及教练给出的只有团队人数一半的一次性小纸杯。

当开始的哨声响起，学员们都会习惯性地排成长龙传递水杯，但很快，团队负责人就发现这样速度太慢，杯水车薪，根本不可能完成任务。在教练们"还有什么可能性"的大声催促下，团队的骨干们开始动员大家脱下衣服和裤子，把它们浸透打湿来运水。这时候，我们看见的是一个火热的场面，所有学员都在拼命地奔跑，学员们的衣服、裤子、鞋子、袜子乃至帽子，身上一切能运水的东西都被利用起来了。很快，在规定时间内，甚至大大少于规定时间，学员们奇迹般地装满了两个大桶的水。当这个看似不可能完成的任务被达成时，学员们一片尖叫声和欢呼声，喜悦的泪水和着汗水一起幸福地流淌下来。

我发现一个规律，每次做这个项目时，当团队成员在一种高压状态下，他们总是能找到一条类似防雨布的裤子，也就是在学员当中，总会有那么一两条不透水的裤子。找到那条裤子，运水的进度就会大大加快，这条裤子将帮助他们完成80%的运水任务。这也就意味着，在我们每个人的生命潜能中，都有一项最为重要的潜在能力，那就是我们的卓越领域和天赋才华，找到并发展出这个部分，将解决困惑我们的80%以上的问题。每次在带领这个项目挑战学员们的最大潜能时，我也在自我检视，我人生中最有用的那条裤子在哪里？我最卓越的领域在哪里？

上帝的那杯水——记起你的天赋使命

有一个优秀的门徒在天堂向上帝请教什么是生命的真谛，上帝说："我的朋友，今天天气这么热，先去给我拿一杯水来吧！"门徒就去人间的一个村庄去求水，刚刚敲第一家门，一位妙龄少女前来应门，于是他们一见钟情，不久就结婚了，还生了几个孩子。有一天，老天开始下雨，这阵雨下个不停，造成了洪水泛滥，淹没了街道，冲走了房舍，门徒紧抓着他的妻子，肩上扛着他的孩子，眼看自己也快站不住了，他大叫："主啊！救救我吧！"上帝问："我要的那杯水呢？"

在这个世界上，有一件事是绝对不能忘记的。如果你忘记其他事情，只有这件事没有忘记，你就不用担心；反之，如果你记得、参与并完成了其他事情，却忘记这件事，那你就等于什么也没有做。（注：选自苏菲教大师路米的《桌上的谈话》）。这就好像国王派遣你到一个国家去完成一件特殊的工作。你去了，却做了100件其他的事,但如果没有完成你的任务,你就什么事都没有做。每个人来到世间都有一件特定的事要完成,那就是他的天赋使命。如果他没有做那件事,就等于什么事都没有做。

那个最重要的任务,就是我们承诺自己今生要来完成的使命和任务。

在记起自己的天赋使命之前,我们所做的都是在没有自己的地方寻找自己。也就是说,我们透过很多不同的人、事、物来一步步界定自己是谁,同时一点点确认自己的卓越领域和天赋使命。

所有精神导师都告诉我们同一件事:活在地球上的目的,就是与我们基本的、觉悟的自性结合。"国王"派遣我们来到这个陌生的国度,其任务就是证悟和体现我们的本体光芒与爱的智慧。完成任务的方法只有一个,那就是踏上精神之旅,以我们的一切热诚、智慧、勇气和决心来转化自己,活现出真正的自己。

选择一个你喜欢的方式玩

现在,你已经在天赋使命的道路上了,简单地相信和充满耐心地期待,不要有丝毫的犹豫和怀疑,这些犹豫和怀疑只会降低你的快乐度和幸福感。

单纯地享受你所选择的每一件事,将注意力放在当下的每一件事上,就是全心全意、全力以赴地进入你的生命。遵循内在心灵的指引,时刻选择光与爱,恩典与勇气,从过往的焦虑、恐惧和怨恨的习惯模式中脱离出来。

选择你所喜欢的事情,喜欢你所选择的事情,并享受你实现它的每一个过程。在每一件事中倾注你的天赋才华,你的存在就是给予世界最好的珍宝和礼物,你的创造将是生命向这个世界最完美的展示!

自我展现与自我实现

> 在这个追寻梦想、实现自我的过程中,我将要面对哪些功课,哪些是我需要做的,什么是我成功的保障?

自我操练是成功的关键

我的朋友徐江雷是湖南登山界很有影响力的一位青年登山家,他从2002年开始迷恋上了登山运动,这些年来他一直在坚持着艰苦的登山训练,并且连续不断地登上了西藏的好几座海拔6000米以上的高山。2007年5月24日,他成功登上了世界最高峰——海拔8844.43米的珠穆朗玛峰,由此成为湖南登山界第一个登上了珠峰的人。

在一次聚会中,我们询问他登顶时的感受怎么样,他说得很轻松:"我登顶的时候是清晨六点多,很幸运的是,我刚好在到达顶峰的那段时间看到了世界最高峰上的日出。在山顶,人的感觉很迟钝,大概只有八九岁孩子的智力水平。"

在座的一位平时不太喜欢运动的女性朋友好奇而兴奋地问道:"那我也可以登上珠穆朗玛峰吗?"旁边的伙伴马上打趣说:"得了吧!你那样子怎么可以。"

没想到我们的登山家很认真地说："只要你的身体健康状况良好，从理论上讲，只要经过一段时间的刻苦训练，循序渐进地训练在不同海拔高度心肺呼吸功能的适应能力，再等你具备了足够的体能储备时，当然也是有可能登顶的。"

2002年的徐江雷，还只是一个登山爱好者，他最开始是从负重几十公斤上下海拔仅三百米左右的岳麓山开始的。这里记录着他的登山数据：

2003年5月——成功登顶青海玉珠峰（6178米）

2003年9月——全程（20天）徒步探险茶马古道（云南——四川）

2003年10月——成功登顶四姑娘山大峰（5555米）

2004年5月——成功登顶四姑娘山二峰（5436米）

2005年9月——成功攀登珠峰北坳4号营地（7028米）

2006年2月——成功登顶四川奥太娜雪山（5216米）

2006年10月——成功登顶卓奥友峰（8201米）

2007年2月——率领全国首支女大学生登山队登顶四川奥太娜雪山（5216米）

2007年5月24日6时55分——成功登顶珠穆朗玛峰（8844.43米）

情绪的自我疗愈过程，就是向内在的意识险峰攀登、探险与寻宝的旅程，这与登山的反复训练、适应不同海拔高度的高山反应是一样的道理。心理肌肉和身体肌肉非常相似，两者都需要经常锻炼，你可以通过持续的运动来增强你的肌肉组织，同样也可以通过一定的心理训练来强化你的心理肌肉。成功从来就不是一蹴而就的，而是一个循序渐进的过程。自我操练就是检验和实践你所学习和相信的智慧，最终达成自我实现的通天石。

尊重你的自然属性和成长节奏

你是水里游的鱼还是天上飞的鸟，你是动物还是植物。就算你知道自己是鱼，还得知道自己是淡水鱼还是海水鱼，是属于淡水鱼的哪个品种还是海水鱼的哪个品种。很多时候，我们对自己的训练都是在没有搞清楚自己的属性的前提下的盲目训练。

去观察一下动物吧，每一种动物都有它的特点：海豚游得快，青蛙跳得远，老鹰飞得高，羚羊跑得快，猴子会爬树，每一种动物都用它自己独特的天赋悠游于大自然间。如果你家里养着一条狗，你从来不会要求它去水里捕鱼吧。

老鹰、兔子、松鼠和蛇都到了自立谋生的年龄，他们希望自己能出人头地，于是去动物学校接受训练。

第一个月的训练项目是跑步，兔子最擅长跑步，成绩最好；松鼠虽然腿短点，但是连蹦带跳的也不错；蛇虽然没有脚，但是在地上爬得挺快的；只有老鹰摇摇晃晃，还常常被自己的翅膀绊倒，总是跑最后一名。每次放学后，老鹰都会被留下来补课，老鹰开始怀疑自己是一个很差劲的学生。

第二个月的训练项目是游泳，这回蛇开心了，因为它的水性最好，毫不费力就拿了第一；松鼠和兔子虽然不喜欢水，但是只要四肢划动，它们的速度也还可以。可怜的老鹰一下水后就全身湿淋淋的，虽然使劲想要用翅膀划水，却老是在原地打转，根本没办法完成任务，上岸之后还要花很长时间来烘干羽毛，它觉得自己快要发疯了，简直没脸见人。

第三个月训练爬树，这个项目是松鼠的强项，它总是遥遥领先；蛇爬树的表现也不错，兔子虽然不会爬树，但其他科目的成绩加起来还能排的上名次；只是可怜的老鹰又倒霉了，爪子划得一道道血痕，但仍然无法抓住树干，爬到一半就跌落下来，其他同学都笑他。老鹰觉得沮丧委屈至极，决定离开学校，放弃这样的训练。

离开学校的那一刻，老鹰振臂高飞，直冲云霄，它才突然意识到其实自己根本不用学会跑步、游泳与爬树，它只要展开双翼，就能自由翱翔，这是他与生俱来的本领。而且在高空中，它随时能看清地上的食物，准确地捕捉，这样的日子简单轻松并且自己也乐在其中。

身为全世界几十亿人口中独特的那一位，在茫茫人海中确定自己是谁，的确是相当重要的一件事情。了解你的个人属性，尊重你个人的成长节奏，充分享受和运用你的天赋才华，对自己有足够的耐心和相信，这就是在新的成长之中了。

人生目标与自我承诺

很多人的人生不快乐、充满痛苦、不成功的主要原因是缺乏明确的人生目标。

任意定律说，如果没有清晰的目标和有规划的人生，你就是在计划失败。很多人就在失败和沮丧的漩涡中周旋了很多年，过着迷茫和悔恨的生活。有些人可能会有自己的人生目标和规划，但自己却不愿意去做它，他们的字典中写着巨大的三个字"不愿意"，那是因为他们内心充满着恐惧、担心和害怕。

人们就算知道目标的重要性，但又不愿意设定人生目标的主要原因有哪些呢？

首先，人们不知道自己真的要什么？我在第一次参加工作坊时，有一个与搭档轮流完成的互动练习，练习的主题就是："你究竟要什么？"练习的方式是：一个人负责不停地问对方："你究竟要什么？"，另一个人凭直觉来回答自己当下想要的东西。问的次数多了，我才发现有的东西并不是自己真的想要的，只是头脑以为那是自己想要的东西而已。当回答到自己真的想要的东西时，我们的心会为之一动，那个就是你真想要的了。我刚开始说要的东西还是某些物质上的成功，包括环球旅行、车子、房子和票子，但随着他提问的能量越来越俱足和深入，我的回答最终固定在一点上，那就是我要真爱和自由。我对搭档说，这就是我真的要的东西了。

其次，我们一直生活在失败者的阴影中，在恐惧失败的控制中难以移动脚步。很多人以为不设定目标就可以停留在过往的舒适空间里，因此可以保留指责、怪罪他人，并为自己找到合理的借口。

在一次研习会中，老师布置的课后作业是，请列出自出生到现在你的人生成就感清单——写出50件最有成就感的事情。哦！我的天啊！50件最有成就感的事情，我有那么多的成就吗？我之前可从来没有思考过这样的问题，也从来没有想过自己的成就清单。回到房间，我搜肠刮肚才写了10件光荣事迹，等室友回来后，我们俩人一起商量，才发觉，我们之前一直有一个错误的信念，认为成就感就一定要是惊天动地的大事件才可以算数。事实是，我们人生的每一个进步对于我们个人而言都是大事，都是一个不小的成就。以我为例，比如：

1. 成功的出生——这是个不小的成就了。我能够从无数个精子的长距离游泳比赛中脱颖而出，获得唯一的冠军（假如你身为双胞胎中的一个，那就是并列冠军）；

2. 小学三年级在一次考试中，四门功课的总分很轻松地就获得全年级第一名；

3. 三岁时，就具有超强的记忆力，第一次跟随父母从小镇来到大城市，不慎走失了，正在大人们着急之时，我自己又原路走回来了；

4. 第一次成功地学会走路；在我们那个年代，有的孩子就患有小儿麻痹症，看看他们行动不便，就知道自己有多幸福了。

……

罗列下来，我和同伴越写越过瘾，事迹也越来越多，不知不觉就写了一百多件有成就感的事情。真是不写不知道，世界真奇妙啊！我真是太有才了！

最后，在我们大多数人的成长经历中，都从来没有接受过类似设定目标和达成目标的能力训练。而在西方，很多小孩从小就会在老师的指导下，为自己设计梦想板。

今天，拿出一张白纸，将你最渴望达成的 10 个人生目标列出来，并且找到相应的图片将它们制作成醒目的梦想板，挂在你每天必经之处，时刻提醒和激励自己去实现它们。

在每一件小事中建立自己的成就感

实现人生目标不是一蹴而就的，需要一步步非常有耐心，又有耐性地往前走。建立自信心和自我价值的第一步，是从每一件你所选择的小事做起，把注意力关注在每一件当下正在做的事情上，善始善终、有头有尾地完成，无论是洗碗、拖地，还是洗衣服、看书、编写文档，都保持全然的注意力，一次完成一件事，每天进步一点点，你将收获越来越大的成就感。

例如，你可以设定最近三至六个月的目标，然后再设定出相应的每月、每周、每天的完成计划，当我们能够逐渐实现这些目标时，就会有更大的信心去设定三年至五年的目标，并完成它们。

记得八年前的一个晚上，我和太太戈泉在肯德基餐厅，当时我正处在对未来发展的迷茫之际，戈泉拿起一张托盘里的餐纸，翻到空白的一面，开始帮助我分析当时面临的三个职业选择，以及三到五年后的相应结果，当我看清楚了所列的优势、劣势和分析结果之后，我选择了今天这个发展的方向，走上了心灵成长的道路，成为一名生命教育工作者。五年后，我的生活就跟那个晚上所设定的目标相差无几了。

达成目标是从每天的事情开始，持之以恒和循序渐进是关键。我们列出的目标，需要符合以下基本原则：

1. 目标是看得见、够得着的,也是在潜意识中,我们自己完全相信的;

2. 至少要有50%的把握;

3. 这个目标必须是你自己可以掌握的,你唯一可以掌控的是你的想法。同样的,你设定的目标也是属于你能自主掌握和随时调整的动作范围;

设定目标和达成目标的行动一样重要,我们不但要学习如何清晰地列出自己想要的东西——你的目标。同时也要明白,对目标的承诺是实现目标的保障。这个承诺就是你想要达成目标的强烈意愿,再加上你的兴趣和热忱。

承诺百分之百地付出自己

承诺是我们给出自己的程度,我们能够承诺的程度,也就是我们能够付出多少的自己。练习承诺的最佳方式是设计目标与达成目标的能力。

承诺是相信你能实现的程度,如果我们不能遵守自己的诺言,那往往是犹豫不决、自我怀疑在从中作梗,导致了我们的半途而废、自我放弃,很多人因此让放弃成了生活中的一种习惯。如果你有目标的话,是否相信你的目标?是否承诺要实现自己的目标?记住,你所做的事情不是在靠近目标就是在远离目标。

过程的全然,等于结果的自然。当你能够全然地沉浸在对整个目标的憧憬中,充分享受实现目标的每一个细节和过程,能够以全心全意和全力以赴的状态保持较长时间的专注时,最后,成果的达成往往就是水到渠成的事情。那时,你会有一种发自内心的宁静和喜悦。

你是自己的救世主

在大海里，一朵小浪花痛苦地对大浪花说：

"你这么伟大，我这么渺小，你这么优秀，我这么差劲。我好痛苦啊！"

"那是因为你不知道自己的本来面目。"

"如果我不是浪花，那我是什么呢？"

"你是浪花，你也是水啊，我们的本质都是水啊！当你认识到自己的本来面目是水，你跟所有浪花，整个大海都是一体的时候，你就不会再为短暂的波浪形体所迷惑，你就不会再痛苦了。"

"哦！我明白了！我是波浪，我也是水，我是你，你也是我，你我都是一体的。"

你是世界的一部分，你也是世界，世界的源头就在你的内心。

电影《黑客帝国》里，当祭司告诉尼欧，"你就是救世主"时，尼欧是半信半疑的，他听到这话的第一反应是："我是这个人吗？你说的不是别人吧？"如果有一个人告诉你，"你就是救世主"的时候，你是否也会有同样疑惑的反应，并且有受宠若惊甚至想要逃开的感觉呢？

是的，你就是自己灵魂的救赎者，也就是自己灵魂的救世主。

"自我救赎"、"觉醒者"、"觉悟者"，都是一个意思，是指从过往的无明中渐渐使我们的意识清醒，而自我展现和自我实现就是彰显你所学习和拥有的智慧的过程。

相信自己，勇敢地活出最好的自己，你一定做得到！

第十一章 智慧来自体验

甲乙两位商人相遇聊天，在炫耀了自己迅速增长的财富和工厂生意之后，甲问乙："请问，您开什么牌子的汽车？"

乙很谦虚地说"宝马跑车。"

"那车感觉怎么样？"

"提速快、舒适、平稳、安全。"

接着，乙问甲："请问您开什么牌子的车啊？"

甲商人很轻描淡写地回答说"哦，我开的是劳斯莱斯。"

乙笑着说："那你的制服一定很漂亮。"

"坐奔驰，开宝马"是汽车爱好者的口头禅。而劳斯莱斯通常除了对拥有者的财富指标有要求外，更是看重其身份地位，与前面两个牌子的汽车不一样，劳斯莱斯是有穿制服的司机替你开车的。显然，甲商人为了抬高自己的身价，说自己开的是劳斯莱斯，其实是在吹牛。而知情的乙商人跟他开了个善意的玩笑说："那你的制服一定很漂亮。"其言下之意是："你若真是开劳斯莱斯的人，那你就是司机。"这就是没有经验所带来的窘境。

智慧是经验过后的明白

小马驹已经长大了，要帮妈妈把半口袋麦子驮到磨坊去，一条小河挡住了去路，它去问老牛，老牛回答说："水很浅，刚没过小腿，能趟过去。"

一只松鼠很认真地告诉它："别过河，你会淹死的！河水深得很哩！昨天，我的一个伙伴就是掉在这条河里淹死的！"

小马驹拿不定主意，只好回家问妈妈。妈妈说："河水到底是深还是浅呢？你仔细想过他们的话吗？光听别人说，自己不动脑筋，不去试试是不行的。河水是深是浅，你去试一试，就知道了。"

小马驹重新跑到河边，他下了河，小心地趟到了对岸。原来河水既不像老牛说的那样浅，也不像松鼠说的那样深。

《小马过河》是当年我们在小学二年级的一篇课文。同一条河流，老牛觉得它是没不过膝盖的小溪，松鼠觉得它是深不可测的天险，而小马驹却觉得它不深不浅刚刚好。不同的年龄、不同的人生经历，会使我们有各不相同的人生体验和感受。"小马过河"的故事告诉我们：别人的经验和智慧，只能作为我们的参照。属于我们的人生智慧，是需要我们亲身去体验过后获得的一种"原来如此"的领悟。

生命是一段学习的旅程

> 关于生命的功课，我该如何学习？

向自己学习——内在的学习

内在的学习就是我们对心的训练，一个净化和进化生命能量的过程。自我疗愈也就是自我救赎，就是把我们原来混沌的意识变得越来越清晰、越来越能保持觉知的过程。

在这个意识的觉醒旅程中，人生有三个重要的转折点：一、出生在哪个家庭；二、与谁结婚；三、你的老师是谁。

那些认为自己出生在哪个家庭，拥有怎样的父母完全不是自己能负责的事的人，他的人生始终都是被动的。当他遇到人生的难题和麻烦时，也许会对父母说："都是你们生了我，又不是我要来到世界上的。"

愿意相信是我们自己选择了父母，并且是自己选择来到这个世界上的，这是负责任的态度，也是对生命负责的开始，是赢家的态度。

同时凭借持续不断地自我检视和厘清，帮助我们了解和学习自己的人生使用说明书，看清自己的潜意识运作模式，将那些受伤害和心碎的记忆疗愈完整，向着真实、宁静、自由的本我一步步迈进。

向伴侣学习——亲密关系中的成长

与谁结婚是我们寻找回迷失的自己的最佳时机。你不仅仅是要找一个人一起生活，而且要寻找生命的伴侣，灵魂的伴侣，这是自我生命最好的疗愈机会。

伴侣是我们人生旅途上最重要的搭档，也是彼此最好的心理治疗师和朋友。伴侣身上显现出我们所渴望的人格特质，而这些特质也同时隐藏在我们自己的内在。伴侣的出现弥补了我们的性格空缺，使得我们的生命更完整和圆融。正如《圣经》上说："夫妻二人本来是为一体的"。

在团队中学习——镜子与伙伴关系

你不可能在没有镜子的地方照到自己的样子,我们身边的人就是我们的镜子,随时映照出我们自己的人格特质。你在他人身上看到的一切你都拥有,你看到别人优秀的特质,你本身就拥有,你不喜欢或者厌恶他人的部分,你也都拥有,只是我们不愿意或还没有看到。

阻碍我们进入喜悦幸福生活的,往往不是那些我们喜欢的部分,而是我们不喜欢的那些部分。如果我们愿意用多一些的角度来看待自己的思维和行为模式,就能更清晰地看到自己的行为所产生的结果,以及这个结果是否真的是我们想要的。看清楚了真相,才能作更有效的调适。当你愿意选择去做真实的自己而不是用与他人比较的方式来生活时,你就会减少制造冲突的几率,也不再制造矛盾的事情,甚至戏剧性的事件,从而保持表里如一,轻松自在地生活,不再制造麻烦,生活得清明自在,这是我们对社会最大的贡献。

> 老师,如果在自我学习、自我实现的道路上,我还是有疑问,还是会犯错,甚至遇到更大的情绪反应,我该怎么办?

有反复是很正常的事情——你依然还会犯错

小时候,我家住在离省城有几十公里的地方,十二岁那年,我第一次独自一人到省城走亲戚,心里充满了兴奋和忐忑不安,身为工程师的父亲给我绘制了一张地图,并详细给我讲解了每一条我将要经过的马路,这让我心里踏实了不少,然而,就算是凭着这张地图,我在省城还是走了不少弯路,才最终到达目的地。

当我们解读了情绪的心理地图,并获得新层次的成长和重生,我们就逐渐厘清了自己的生命目的和意义,认识了未知的自己,知道自己是谁并且学习作出新的选择。在这个过程中我们还是会常常犯错,但是,请相信,犯错误和走了弯路都是很正常的,错了,回到正确的道路就是了,用新的态度对待自己,鼓励和接纳自己,继续爱自己。

有了这些积极的心态护航,我们就有机会将真实的生命能量有效地发挥出来,去开创不一样的人生。

从黑暗到光明——耐性和相信

参加地震救援的救护队员们都有一个经验,那就是每次从废墟里救出一个人,第一个要做的动作,就是用一块布盖住获救者的眼睛,目的是为了保护伤者的眼睛不被日间的光线刺激,因为伤者在黑暗中待的时间过长,因此,对光明还有一个逐渐适应的过程。从极度的心理压抑和心理阴霾中走出来的人也要经历这么一个逐渐从黑暗到光明的过程。

首先,你看到的那个改变的希望和动力就像你在黑暗的山洞里摸索了很长的时间,看到前面的一线亮光,循着这道亮光你就可以走出黑暗的山洞,但你发现自己在黑暗中待的时间过长,需要花点时间来适应光明。如果我们在内疚感、罪恶感等各种负面情绪中待的时间过长，面对喜悦平静的状态，一下子会不适应、不相信，有时候甚至会有排毒反应，也就是负面情绪比进行疗愈之前还要多，这些都是很正常的反应。

从黑白电视到彩色电视——从匮乏到丰富

黑白的人生是指匮乏和贫瘠的人生，缺乏和空虚的感觉，这是爱不足的表现。

彩色人生是指你感觉到内在的俱足与丰富，享受世界的多姿多彩，能够自然地接受爱并有能力付出你的爱与智慧。

无论我们的内心是匮乏还是丰富，其起始点是从我们所感受和接受到的爱开始的，这些爱，也许是从你的父母而来，也许是从你的伴侣而来，或者是从朋友、亲戚、社会、自然、空气、阳光、水而来。你越是能够感受到你所拥有的和接受到的丰富，并感恩这些礼物，你就越会感觉到自己内在的富有，越愿意自动去分享这一切。你可以在自己的内心世界随时将你的接纳、允许、欣赏和赞美给自己，同时也将这一切的祝福给予世界和他人。

喜悦源自创造力

> 当我认清了情绪的真相，读懂了自己的心理需求，找到了自己真的想要什么，现在，我还能做什么让生命更有活力呢？

生命的活力来自源源不断的创造力

创造力的原点不是为了取悦某人或害怕经历受苦而做的努力，而是出于我们对生命本体的热爱，无条件地接纳自己，喜欢并享受我们所选择要创造的事物，并能够从中发展出自己独特的视角和表达方式。如此，将开启奇妙的创造力源泉。就像那些富有想象力的大厨师们，在他们智慧地创造中，同样的原材料也可以变成一道道色香味俱全又各不相同的美味佳肴。

只有在我们完全接受自己并且欣赏和肯定自己的独特性而不是特殊性时，我们沉睡已久的创造力才会被开启和发挥。就好像你是一个坐在箱子上乞讨多年的乞丐，这时有一个人经过时，提醒你说："你的箱子里装的是什么？你有没有打开过你的箱子？"你的回答是："我从来没看过箱子里装的是什么。"当你打开一看，才猛然发现，原来箱子里装满了珠宝钻石。

所有完美的创造力源泉就在你的内在。它们一直伴随着你，在等待着你的开启。

创造力的三个步骤

模仿

在你的视线中，一定可以找到那些让你尊敬和仰慕的人，你渴望成为那个人，渴望自己也能拥有他们那样的体验。

在上世纪90年代，中央电视台著名节目主持人赵忠祥老师曾经是很多年轻主持人的偶像。我的一位主持朋友与我分享过他实践赵老师《岁月随想》里描述的"三分之二脚掌站姿技巧"，他说自己把这个技巧用得很熟练，站在舞台上的感觉也比平时挺拔了很多。同时，为了成为一位专业的主持人，他搜集了所有能找到的相关资料，这些资料包括：当代著名的演员和艺术家的朗诵磁带、关于赵忠祥老师以及其他著名主持人的剪报、幽默故事和名人名言集锦、《演讲与口才》的内容，等等。经过不懈努力，我这位朋友后来进入了一家省级电视台工作，几年后便成为了一名著名主持人。

练习

美国著名的萨克斯演奏家肯尼·基先生在接受记者采访时说，他能够拥有现在这样娴熟的演奏技巧是从模仿自己喜欢的演奏家开始起步的。当他了解到萨克斯是自己的最爱时，他找到了当时最棒的老师作为他模仿的对象，从模仿老师的吹奏技巧，不断练习，然后渐渐熟能生巧，这个过程持续了十多年，当模仿到了一定的程度，他找到了自己和萨克斯融为一体的感觉。最终，他从老师的教导和自己的经验中总结出了一套适合自己的成功规律，从而逐渐形成了自己独特的演奏风格。后来的事情更神奇了，当他的演奏达到了炉火纯青、随心所欲的境界时，他突然之间找到了不换气（循环换气法）可以连续吹奏一个小时的绝妙技巧。由此，我们在世界各地都能听到他所演奏的那首优美的曲子——《回家》。

我就是

当你发展出越来越多的正面人格特质，一言一行都是你想要成为的人的样子时，你就会成为你相信的样子，一旦你全然活现出了你所相信的式样时，你就处在"我就是"的位置。

在我带领的工作坊中，我经常会帮助学员调整一个很容易被忽视的潜意识暗示模式，就是把自我介绍中的"大家好！我叫某某某"修改为"大家好！我是某某某"，这个小小的调整就能帮助我们提升自我价值和重要性，使我们能够像一个明星一样出场介绍自己。

在"我就是"的位置上，你不需要向人证明什么，当有人误解你时，你也不会生气，因为，你知道自己是谁，你也知道，人们眼中的你并不是真正的你，你在内心认为自己是谁以及你活现出来的样式才是此刻的你。

团体疗愈和自我疗愈

> 现在，我了解了自己的潜意识模式，也发现了隐藏在负面情绪背后的宝藏，我感觉整个人轻松快乐起来，对未来充满信心！这种感觉就是疗愈吗？在未来的生活中还有哪些方面可以帮助我持续不断地成长呢？

自我疗愈

是的，这本书中的所有章节就是在帮助你做自我疗愈。你做得很好！

如果我们的身体出了状况，你不一定要吃药，只要保持充足的休息并通过营养的调理，身体就可以按照自己的规律来自我疗愈，我们的心灵更是一个神奇的东西，它同样具有自我疗愈的功能。

疗愈是改变我们对事情的观感。疗愈的方式，是从改变我们对事物的看法开始。伤害模式都以记忆的形式存在于我们的头脑里，那是过去完成时。在意念中，回到当初那个造成伤害的场景，回到事情发生的那个时间段，换不同的角度看看事情的发生，想象你是从一个360度的全景高速摄像系统去看那些近乎固定的画面；画面中的其他人都是固定不动的，但只有你可以从各个角度来看待你自己和其他人，在了解到其他人的观点后，你就会对那件一直困扰你的伤害性事件真正释怀。

从"所有的人、事、物都是来成就我"、"所有事情的发生都是来帮助我"的信念着手，当我们看到某个事情发生的价值时，我们也就放下了那个受伤害的记忆，今后类似的事情在你的生活中也就不会再重演。这就是自我疗愈的第一步。

团体疗愈的力量

假设你现在要从长沙出发去北京，选择步行的话，长沙到北京的公路距离是1500多公里，按每天行走30公里计算，要走50多天；如果坐火车，最快要13个小时；然而要是你乘坐飞机的话，长沙到北京的空中飞行只需要两个半小时左右，这将大大缩短你在路上的时间。

如果把心灵的疗愈比作一趟旅程的话，参与专业的团体疗愈就相当于买一张机票到达目的地。心理、情绪或心灵的研习和工作坊的课程结合，就是一种体验式的团体疗愈。

体验式的学习与传统概念的单向式学习不同，它不仅仅是知识的传递和概念的学习那种表意识层面的学习，体验式的学习是放下表意识层面的已知，深入潜意识探寻未知的潜能和盲点。

工作坊在安全的环境中，有计划地创造各种体验并穿越种种障碍，将帮助我们节省自己从不快乐中解脱的时间，也就是缩短了我们受苦的时间。我们因为情绪上的痛苦而付出的生命代价，有时候是不能简单用金钱来衡量的。

在一个有着共同的心灵成长需求的团体中，人们在一个安全和放松的环境下，由有经验的专业人士带领和引导，团体成员透过有效的体验活动分享出自己的生命故事，释放积压的负面能量，系统地认知并疗愈自我心灵，同时，团体成员成为彼此的镜子，团体互动所产生的正面能量将大大促进和加速自我疗愈的进程；我们可以从其他人的反应中，尝试新的角色，模仿学习，从中得到支持和增强自己的能量；并在亲身体验中获得自己的生命智慧，从而发现生命问题的有效出口。

选择合适的成长参考团体

"物以类聚，人以群分"，"玩要好伴、住要好邻"，我们不是被身边的人影响，就是影响身边的人，你所看到的、听到的、经常与谁在一起，这一切都具有暗示的力量。所以，心灵成长的旅程中，要选择与那些和你志同道合的人在一起，他们是你成长的参考团体。

成长参考团体中的人们彼此认同和接受，当思想频率在相同层面一致振动时，这些对你的暗示都是影响你前途的因素。因此，要找到你认同的对象，要与那些具有情绪疗愈能量的成功人士交往。一般说来，取得平衡成功的人，都是乐于助人的人，他们都显示出谦逊而平和的人格特质，保持与他们定期的聚会，谈你的近况与遇到的挑战。

总之，跟积极成功的人交往是达到杰出成就最具影响力的关键之一。

打开心门，让爱自由流动

当你愿意示弱，承认自己需要帮助时，就在你和他人之间建立了一个通道，一个允许和接受的通道。这个通道的门就是每个人由内向外打开的心门。

当你愿意打开自己的心门，你的心就开始变得柔软，而柔软的心才会找回爱的感觉。当爱出现，就自然消除了你与他人的隔阂。爱带来光，光会照亮你身边的人，你和他人就有了自然联系，这联系就像水流过你的手背、风吹过你的脸庞，没有占有没有索取，只是经过并留下对彼此的祝福与珍惜。

找到你的生命教练

古人云："以铜为镜，可以正衣冠；以史为镜，可以知兴替；以人为镜，可以明得失。"

在人生的旅程中，我们需要一些正确的指引和教导来帮助我们确认自己所处的位置和前进的方向，这些指引和教导就来自你的生命教练。

如果你去健身房锻炼，会有健身教练来指导你每天练习各部分肌肉的动作和组数；你去驾校学习开车，会有驾驶教练来带领你练习倒桩移库和指导你上路实习；我们的人生之旅也需要一个生命教练。这个教练可能是一个活生生的人，也有可能是一本书、一个现象、一段令你难忘的经历、一个刻骨铭心的事件等。总之，凡是能够给你带来生命启迪和指示的人、事、物，我们都可以把它称之为生命教练。当然，如果你能在生命中遇到某一个值得你尊敬和爱戴的人，作为你的人生指南，他无条件的爱使你有随时被接纳的感觉，就是你的福气了。这样的生命教练往往是可遇而不可求的，他将是你人生道路的分享者、带领人和指路人，是你的视线和标杆，他自身同时也是一面足够纯净的镜子。

曾经有一位学员问我，如何才能选择一位值得信任的生命教练。我说，最重要的首先是你自己要有清晰明确的决定，有了这个决定之后，才有选择教练的可能性。就我个人的观点而言，我选择教练的标准是：当你和他在一起时，你原来烦躁、焦虑不安、不快乐的心，会渐渐变得宁静、喜乐；在平等的分享中，你会有被重视、被肯定、被读懂的感觉。

一位真正的生命教练不会变相地拿取你的能量，他只会给予你能量。在温暖的爱心光芒照耀下，你会有一种久旱逢甘霖、荒漠遇甘泉的感觉，以及因为被读懂而使内心坚冰被融化的感觉，这就是生命教练的魅力的最佳写照。

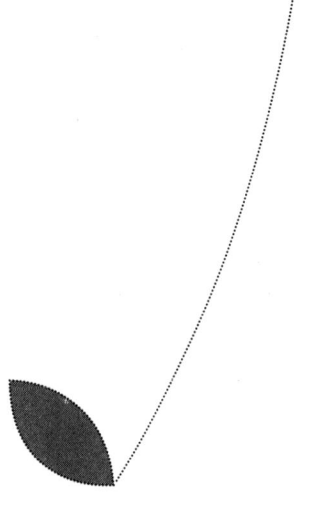

你越是能够感受到你所拥有的和接受到的丰富，并感恩这些礼物，你就越会感觉到自己内在的富有，越愿意自动去分享这一切。你可以在自己的内心世界随时将你的接纳、允许、欣赏和赞美给自己，同时也将这一切的祝福给予世界和他人。

第十二章 在真爱的河流里

一条小鱼问一条大鱼：

"人们常常在谈论关于大海的事情，大海是什么啊？"

"我们的周围就是大海啊！"

"可是我只能在周围看到小鱼、小虾、珊瑚和海藻，我看不见什么是大海啊？"

"那是因为大海就是水，水在你里面，也在你外面，承载这一切的就是大海，这一切都在大海里面，大海包围着你，就像是你自己的身体一样。"

是啊！鱼在水里，水在鱼中，鱼和水就是一个和谐的整体。很多人一生都在追求真爱，却不知道自己一直就在真爱里面，我们每天被爱包围着，但是因为被恐惧和无知遮蔽了双眼，因而对爱视而不见、一无所知。

"从前我是眼瞎的，如今我能看见了。"（I was blind, now I see.）

——《圣经》约翰福音

慧见即内在的看见。当我们唤起了觉醒的力量，就开始转向内在的心灵之旅，这是一段充满冒险和乐趣的旅程。

> 亲爱的老师，关于"爱"这个主题，我们还需要了解什么？

爱是我们此生要来学习的功课

我们此生都是为了学习爱这个功课而来。当我们愿意承认和接纳自己过去在用错误的方式爱自己和他人时，当我们愿意看到自己在爱的功课上还是一个小学生时，我们就打开了一扇探索真爱的大门，由此也开启了一段赢回恩典与喜悦的生命之旅。

"问渠哪得清如许，为有源头活水来"，要寻找到绵绵不绝的江河水流从何而来，我们必须逆流而上，到达江河的源头去探个究竟。要追寻爱的源头，我们就得深入自己的内在心灵世界去探寻奥秘，你不但是世界的源头，你就是世界，你就是爱！

爱是从接纳开始的，我们从源头接纳爱，然后自然地分享和接受爱。灵性生命的活水源泉就是爱的能量自然自在的流动，就像呼气和吸气一样的自然，如此，我们方能获得内在的宁静与平安。

在任何人际关系的互动中，关系的成功程度取决于关系双方对爱的认识与理解的程度，以及他们能够付出和接受爱的程度。

去看看你从哪里可以学习和接受到世界的爱、人们的爱，也许你的父母一直在无条件地对你付出他们的爱，只是由于你的拒绝而令自己对此视而不见；也许你人生中的无数个老师都在默默地燃烧着自己，无私地照亮你心中的阴影和黑暗；去感受大自然

第十二章
在真爱的河流里

地燃烧着自己,无私地照亮你心中的阴影和黑暗;去感受大自然的一草一木对你的敞开和无条件地接纳,空气对你的滋润,让一切的美好都流经你,然后,透过你作为爱的管道,让它们从你这里流向世界,世界将因为你的爱而变得更美好。

你受苦的程度就是世界受苦的程度,你解脱了,世界也就解脱了。爱自己就是对这个世界最好的贡献,你对了,你的世界自然就对了。

两面镜子

了解你是如何不爱自己的,才能知道如何正确地爱自己。在我们还没有从爱的需求中得到充分的滋润和满足时,是很难付出全然的爱的。如果,你想要更好地爱你的伴侣和家人,将爱送给他们的最好方式就是你自己在真爱中的成长。

了解你为何不爱他人,才知道你还有哪些地方不够爱自己。如果你看某一个人不顺眼,他让你觉得反感和不自在,要知道那不是他的错,你只是把那个不喜欢的自己投射到了外在。每当你觉察到这一点时,就对自己说:"我接受我自己,这个部分我还搞不定,我需要学习。"由此,你放下了对自己的完美执着,转而轻装前进,也许有一天,当你爱自己到一定程度时,再回头看看那些让你烦恼的人,就会发现他们也改变了不少。其实,他们还是原来的他们,只是你的内在改变了,你改变了对自己的观感,世界也因你的改变而改变。

耶稣"爱人如己"的意思其实是从"爱己如人"开始的,我们只有爱自己,感觉自己拥有丰富的爱才能将己身溢出的爱给予他人，记住，"爱己如人"才能"爱人如己"。

> 在我自己的生活中，如何将"爱"放进来？

都市里的修行者——简单洁净的生活

当我们能够提出"为什么我不快乐？"这样的问题时，就已经走在正确的方向上了，我们既然能够提出问题，也就说明我们具备解决问题的能力。问题和答案是一个事物的两面，就像我们小时候玩的硬币游戏一样。一面是国徽图案，简称"国"，一面是粮食图案，简称"粮"。当"国"在上面时，你只要把硬币反过来即可找到它的反面——"粮"。在经历过情绪的困扰和种种受苦、痛定思痛之际，尤其是当你完全解读了情绪疗愈的心理地图之后，自然会意识到，我们所追求的其实一直都在我们的内在，我们本身就是俱足圆满的生命体。于是，我们不再向外寻找快乐，开始选择过简单、洁净和节制的生活。如此，喜悦与宁静将成为你每天生活的主旋律。

要在身、心、灵这三个方面保持平衡，我们首先要学会照顾自己的身体，而不仅仅只是利用和逼迫我们的身体。

成功的人往往会将自己的成就归功于他们健康的身心习惯，不成功的人则大都是由于不健康的习惯所导致的失败。我们的身体是一部非常奇妙的机器，它能够自动产生充沛的精力，同样，它也会自然地趋向健康。但是，由于不正确的操作以及不适当的保养，它也很可能会在期限来临之前，就提早报废了。

医学研究表明，人类的身体如果维护得当的话，可以维持100～120年左右，目前中国人的平均寿命是73岁，但是，很多人因为不会照顾自己的身体，使得大约有50%的人活不到这个年龄。因此，你可以定一个目标，下定决心要健康地活到80岁，90岁，或者100岁。

一小时法则

我的一位朋友，一家地产公司的董事长，他在公司的写字楼里专门为自己准备了一间静心室，每天的某个固定时间里，他总会在房间里静坐一小时，这样的习惯，使得他每天有充沛的精力和很高的工作效率。每逢在公司运作上需要做一个重大决策时，他就会在最终决定之前，让自己在不被打扰的情况下在静心室里静定一小时，之后再作出决定。他说，这个习惯让他在近几年的生意中闯过了重重难关，而且事业越来越顺利。

不论是一小时的静坐，还是用一小时专注于你独自享受的爱好中，都是很好的处于当下和进入静定的自我训练，也是给自己的内心充电的最好时机。

滋养你自己

仅仅是把注意力从你不想要的东西转移到你想要的东西上，就是一个惊人的改变。你开始以对自己负责任的态度来认真诚实地对待自己，你对世界的最大贡献就是做最真实最自然的自己。很多人在自己不想去的地方寻找他们要的东西，那就相当于在自己家里弄丢了汽车的钥匙，因为家里光线阴暗，你就要到外面光线好的路灯底下去寻找，可那是永远也找不到钥匙的啊。只有不断地界定你所选择和你所要的东西，才能明确你的选择和信心。

问问自己："我为什么不快乐？我要如何做才会快乐？我对快乐的定义是什么？"

当你渴望别人给予自己什么的时候，尝试着先由自己将这些付出给自己。是的，你可以取悦你自己，你可以选择自己在每一件事情上的快乐度，这是你的自由意志。

有一天，我列出了一个取悦自己的清单，题目叫"让高大开心的十件事情"。看了这个清单，我才发现自己从来没有这样认真地聆听过自己内心快乐的声音，我还真的需要好好想想才能列出十件事情来。

现在，拿出一张白纸，列一个清单，你一个人可以单独享受的事情是什么？不需要向人证明、也不需要看人脸色，就是单纯享受一个人独处的状态是什么时候？问问你自己，做什么事情可以让你自己开心？是一个人去看一场电影？还是去餐厅大吃一顿，或者一个人爬山，独自逛街，抑或去喜爱的服装店试试那些漂亮的衣服？

总之，所有能够让你由衷地放松和开心的事情，不分大小，一件件地去实现它们，享受每一个过程，以完全接纳和允许的心去享受爱的滋润。

与内在真实的自己在一起

在人生的旅程中，你始终都是和内在真实的自己在一起，无论我们逃到哪里，无论我们是身处天之涯还是海之角，无论我们和谁在一起，那个真实的自己从未离开过。

但人们很少愿意和自己真正的待在一起，我们因为害怕孤独、空虚和寂寞，为了填补这些黑洞，往往会制造出许多的麻烦。从现在起，当你的孤独感、被遗弃感、不被人要的感觉再次出现时，尝试着和自己在一起，不看电视也不做别的，就是静静地坐着，感觉自己的呼吸和身体的各种感受，与自己的内在小孩交流，去聆听他的心声。你会发现那个久违的自己一直都在，内在的宁静和喜悦，那份内在的无限性和整体性，一直都在那里。

与自己在一起才是你真正取之不尽、用之不竭的财富，那就是你的真理——你就是一个丰富的宝藏。

> 在与他人的互动，与世界的联结中，"爱"要如何体现呢？

丰富来自开放的接受

我们都渴望拥有自己想要的某些东西，比如某个人的爱、欣赏、认可，比如美好的物质生活，但如果你检视到自己潜意识深处的信念，你就会觉知到，很多的限制性信念阻碍了你拥有丰富自由的生活，你越是抱怨得不到的，实际上也就越害怕拥有它。

例如我们想要成就大事业，但心底里却认为事业做大会很辛苦；我们想要很富有，骨子里却很仇富；我们想要幸福美满的亲密关系，实际上甚至根本不相信真爱。

现在，作个决定，勇敢地开放自己，满心欢喜地收下朋友的礼物、接受别人的帮助、允许爱在你我之间自然流动，对整个世界说 YES！

就是这样，打开心门，让恩典与丰富迎面而来！

分享是一种自然的给予

分享是一种平等的交流，是一种没有压力、不带任何强迫的自然给予。它是一种自然的邀请，带着给对方的尊重和信任。

有一次，我在上海和一位朋友一起吃晚饭，买单之后，朋友请服务员把没有吃完的食物打包，他对我说待会出去可以给街边的流浪汉。果然，在我们走出饭店不远，就看到了坐在路边的一个流浪汉，我朋友弯下腰来对流浪汉说："朋友，这是我们刚才用餐完打包的东西，不知道你是否愿意接受？"坐在地上的流浪汉抬起头看了我们一眼，二话没说，接过饭盒就开始狼吞虎咽地吃起来，可能是菜有点辣，吃着吃着，流浪汉顺口就问了一句："老板，有矿泉水吗？"朋友马上回答："有，你等一会儿。"他立即跑去旁边的小超市买了一瓶矿泉水递给了这位流浪汉。

整个过程经历下来，让我看到了开放的邀请和信任，也看到了平等分享的温暖感觉。

感恩与祝福

感恩增多定律是说，当我们把注意力放在我们感觉到自己所拥有的部分时，我们是全然快乐的。而每次当你那些感激的念头和动作产生，都会发射出一种能够吸引到更多类似的美好事物来到你身上的频率。

首先，把感恩与祝福送给自己。

我曾经与一位同修在课程结束时约定，回家后要坚持每天早晚做祝福和感恩的练习。有一天他给我电话，说他发现了自己的一个自我忽视和牺牲，他每天早晚送祝福和感恩的秩序，都是先从父母和亲人以及一切众生开始，最后才轮到他自己。在生活中，多年以来，他的习惯也都是首先考虑别人的需求和感受，最后才考虑自己的需要，但每当他这样做过之后，总是有很多莫名的委屈和伤感。当觉察到这一点时，他决定以后先从祝福自己、感谢自己开始，然后再去祝福和感谢父母、亲人以及其他人，这让他感觉快乐幸福了许多。我很感谢他的这个觉察，我在自己的祝福和感恩练习中，也按照他的发现调整了祝福和感恩的秩序，并且随时随地感谢自己，于是，我发现自己的喜乐度也大大增加了。

当我们被爱与祝福充满，我们才能自然地将这份祝福满溢开来，送给父母、亲人、朋友，以及所有爱我们和被我们爱着的一切。

感谢自己勇敢地选择生命的体验，感谢自己坚持走在成长的道路上，感谢自己愿意开启觉醒之门；感谢空气、水、阳光和整个宇宙的无私供养；感谢身边的每一个人，通过与他们的互动使我们看到真实的自己，学习到真爱的功课。

祝福一切众生平安喜乐！祝福这个世界和谐圆满！

> 最后，我们的生活将是什么样子？

让静心品质成为新生活的基调

静心，是一种新的生活方式。当你选择这种新的生活方式时，就意味着你相信宁静、喜悦、平衡的生活是你本来的生活状态。当你以敏锐的觉知力和全然的注意力进入到每一个当下，就有可能在片刻中享受永恒，而忽略时间和空间的存在，你就赋予了你所正在进行的活动以生命，同时与之合二为一。你成为了你所相信的，并完全活出了这个样式。

静心作为一种灵性成长的方式，能帮助人们放下头脑的制约与混乱，进入内在的宁静，保持觉知、观照与临在的状态，创造和享受自由喜乐的生命体验。

清除头脑的杂念和情绪的躁动，存在于当下，回归心灵的宁静，这是静心品质的关键。

乐观不是盲目的，而是要有步骤地训练我们的心，使其具有足够的专注和静定，让静心与平和替代原来的烦恼和浮躁，成为我们新生活的基调，这样你会变得越来越简单，不再从外面寻求快乐，不再以拥有某些外在的物质财富作为你快乐的唯一标准和条件。原来复杂纠结的人际关系也会变得清晰和顺畅，你的生活将变得轻松而有节奏，带着一种音乐般的优雅，你的创造力和工作效率也将达到前所未有的境界。

在静心品质和全然的爱里，你的一举一动都是一幅优美的风景，你的宁静是送给这个世界最好的和平鸽。

深深地感谢您对自己的承诺。

深深地祝福您对真我的实现！

到你身上的频率。

首先，把感恩与祝福送给自己。

我曾经与一位同修在课程结束时约定，回家后要坚持每天早晚做祝福和感恩的练习。有一天他给我电话，说他发现了自己的一个自我忽视和牺牲，他每天早晚送祝福和感恩的秩序，都是先从父母和亲人以及一切众生开始，最后才轮到他自己。在生活中，多年以来，他的习惯也都是首先考虑别人的需求和感受，最后才考虑自己的需要，但每当他这样做过之后，总是有很多莫名的委屈和伤感。当觉察到这一点时，他决定以后先从祝福自己、感谢自己开始，然后再去祝福和感谢父母、亲人以及其他人，这让他感觉快乐幸福了许多。我很感谢他的这个觉察，我在自己的祝福和感恩练习中，也按照他的发现调整了祝福和感恩的秩序，并且随时随地感谢自己，于是，我发现自己的喜乐度也大大增加了。

当我们被爱与祝福充满，我们才能自然地将这份祝福满溢开来，送给父母、亲人、朋友，以及所有爱我们和被我们爱着的一切。

感谢自己勇敢地选择生命的体验，感谢自己坚持走在成长的道路上，感谢自己愿意开启觉醒之门；感谢空气、水、阳光和整个宇宙的无私供养；感谢身边的每一个人，通过与他们的互动使我们看到真实的自己，学习到真爱的功课。

祝福一切众生平安喜乐！祝福这个世界和谐圆满！

> 最后，我们的生活将是什么样子？

让静心品质成为新生活的基调

静心，是一种新的生活方式。当你选择这种新的生活方式时，就意味着你相信宁静、喜悦、平衡的生活是你本来的生活状态。当你以敏锐的觉知力和全然的注意力进入到每一个当下，就有可能在片刻中享受永恒，而忽略时间和空间的存在，你就赋予了你所正在进行的活动以生命，同时与之合二为一。你成为了你所相信的，并完全活出了这个样式。

静心作为一种灵性成长的方式，能帮助人们放下头脑的制约与混乱，进入内在的宁静，保持觉知、观照与临在的状态，创造和享受自由喜乐的生命体验。

清除头脑的杂念和情绪的躁动，存在于当下，回归心灵的宁静，这是静心品质的关键。

乐观不是盲目的，而是要有步骤地训练我们的心，使其具有足够的专注和静定，让静心与平和替代原来的烦恼和浮躁，成为我们新生活的基调，这样你会变得越来越简单，不再从外面寻求快乐，不再以拥有某些外在的物质财富作为你快乐的唯一标准和条件。原来复杂纠结的人际关系也会变得清晰和顺畅，你的生活将变得轻松而有节奏，带着一种音乐般的优雅，你的创造力和工作效率也将达到前所未有的境界。

在静心品质和全然的爱里，你的一举一动都是一幅优美的风景，你的宁静是送给这个世界最好的和平鸽。

深深地感谢您对自己的承诺。

深深地祝福您对真我的实现！